Cuisinez avec votre électroménager

Cuisinez avec votre électroménager

Recettes de Patrick Gauthier et Olivier Picault

Photographies de Jean-Pierre Duval

Romain Pages Éditions
Collection Plaisir

Sommaire

Avant-propos

C'est un fait avéré, toutes les cuisines françaises débordent de petits appareils électroménagers. Hélas ! une fois passée la nouveauté, ces derniers peinent à trouver leur place dans nos habitudes. Ce livre de recettes adaptées vous permettra enfin d'explorer au quotidien les possibilités de vos divers appareils, pour que tous soient sollicités et efficaces dans votre cuisine.

Pour ce faire nous avons bénéficié du regard éclairé d'un grand chef qui nous livre avec simplicité ses recettes originales et faciles à réaliser. Les associations de saveurs sont le cœur même de la cuisine et cette chimie réclame, pour être parfaitement aboutie, non seulement l'utilisation des meilleurs produits mais de bons outils. En un mot : un savoir-faire ! C'est bien là l'esprit de ces préparations, proposées par le restaurant bourguignon deux étoiles La Madeleine.

L'électroménager n'est pas une histoire de décorum ! Une fois les bons outils en main, quel plaisir de concocter des plats simples et savoureux, ou de rivaliser avec les plus grandes recettes – foie gras de canard poêlé au cassis ou filets de rougets à l'huile de Maussane, au citron confit et aromates. Tous n'auront bientôt plus de secrets pour vous.

Abréviations utilisées pour les unités de mesure : *cc : cuillère à café ; cs : cuillère à soupe*

1

Entrées

Blancs de poireaux vinaigrette aux herbes
Chou rouge
Carottes râpées au gingembre
Céleri rémoulade à la pomme
Tempura de légumes
Salade de magret de canard fumé
Pâté maison
Terrine de canard
Gaspacho de tomates
Crème de cresson
Vichyssoise
Velouté de champignons
Mini-croques
Croques au thon frais
Pizzas aux lardons

Blancs de poireaux vinaigrette aux herbes

Préparation : 10 minutes
Cuisson : 20 minutes
Appareil nécessaire : cuiseur vapeur

Pour : 6 personnes

- 8 blancs de poireaux
- gros sel gris

- **Vinaigrette :**
- 2 cl (4 cc) de vinaigre balsamique
- 8 cl (5 cs) d'huile de pépins de raisin
- 1/2 botte de cerfeuil
- 1 botte de ciboulette
- 5 branches d'estragon
- sel, poivre

Coupez les blancs de poireaux en deux, lavez-les. Étalez-les au fond du panier de votre cuiseur vapeur et parsemez de gros sel.
Versez 1 litre d'eau dans le réservoir de votre cuiseur vapeur. Faites préchauffer. Mettez les blancs de poireaux à cuire pendant 15 à 20 minutes.
Préparez la vinaigrette. Mélangez le vinaigre, le sel, le poivre et montez à l'huile. Ajoutez les herbes ciselées. Servez les poireaux tièdes nappés de vinaigrette.

La cuisson à la vapeur est la plus saine qui soit. Elle permet la préservation des vitamines et sels minéraux et de la saveur naturelle des aliments.

Cook'in

Chou rouge

Préparation : 15 minutes

Appareils nécessaires : robot avec lame à trancher épaisse, mini-hachoir ou mixer blender avec bol hachoir, presse-agrumes

Pour : 6 personnes

- 1 chou rouge
- 2 échalotes
- 1 botte de persil plat
- le jus d'1 citron
- 4 cl (2,5 cs) d'huile de pépins de raisin
- 1 cl (2 cc) de vinaigre de vin
- sel, poivre

Lavez le chou, retirez le pied et les premières feuilles. Taillez le reste en lanières avec la lame à émincer de votre robot.
Pelez les échalotes et lavez le persil. Hachez-les finement à l'aide du hachoir.
Mélangez le jus de citron, le sel, le poivre et l'huile.
Versez tous les ingrédients dans un saladier et mélangez.
Ajoutez le vinaigre. Mélangez, et réservez au frais jusqu'au moment de servir

Faites chauffer le vinaigre et versez-le, bien chaud, sur le chou : cela lui donnera une plus belle couleur.

Carottes râpées au gingembre

Préparation : 20 minutes

Appareils nécessaires : robot avec lame à râper, presse-agrumes

Pour : 4 personnes

- 400 g de carottes de sable
- 30 g de racine de gingembre
- le jus d'1/2 citron
- 2 cuillères à soupe d'huile de pépins de raisin
- 1 cuillère à soupe d'huile d'olive
- quelques feuilles de cerfeuil
- sel, poivre

Épluchez les carottes et le gingembre. Râpez les carottes au robot. Dans un saladier, mettez le sel, le poivre, le jus de citron, mélangez puis ajoutez les huiles. Coupez le gingembre en fines lamelles dans la longueur puis recoupez-les pour obtenir des filaments très fins.
Présentez les carottes râpées dans les assiettes en formant des quenelles, parsemez de feuilles de cerfeuil.

Céleri rémoulade à la pomme

Préparation : 20 minutes

Appareils nécessaires : robot avec lame à râper, presse-agrumes

Pour : 4 personnes

- 400 g de céleri-rave
- 1 pomme Granny Smith
- 1/2 botte de ciboulette
- 1 jaune d'œuf
- le jus d'1/2 citron
- 15 cl d'huile de pépins de raisin
- 1/2 cuillère à café de vinaigre de vin
- 1/2 cuillère à soupe de moutarde de Dijon
- sel, poivre

Coupez la pomme en quatre, enlevez les pépins.
Épluchez le céleri-rave, râpez-le avec la pomme dans votre robot. Arrosez du jus de citron afin que le céleri préserve sa couleur.
Préparez une mayonnaise en ayant soin que tous les ingrédients soient à la même température. Dans un bol, mettez le jaune d'œuf, le sel, le poivre, la moutarde.
Fouettez, incorporez l'huile peu à peu en battant sans cesse.
Ajoutez le vinaigre pour faire blanchir la mayonnaise.
Mélangez au céleri et rectifiez l'assaisonnement.
Présentez dans des bols avec un peu de ciboulette coupée en bâtonnets.

Tempura de légumes

Préparation : 15 minutes
Repos : 20 minutes
Cuisson : 2 à 3 minutes par bouchée
Appareil nécessaire : friteuse

Pour : 4 personnes

- 3 gros champignons de Paris
- 4 cœurs de céleri-branche
- 2 mini-fenouils
- 1 poivron vert
- 1 courgette
- 1/2 aubergine
- 1 grosse carotte
- 4 feuilles de sauge
- 2 l d'huile de pépins de raisin (pour le bain de friture)

■ Pâte :

- 1 tasse de farine (environ 20 cl)
- 1 tasse de mélange 1 œuf + eau (même volume que la farine)

Coupez les champignons et tous les légumes sauf la carotte en bouchées d'une épaisseur d'environ 5 mm. Taillez la carotte en bâtonnets.
Préparez la pâte en mélangeant légèrement la farine, l'eau et l'œuf. Laissez reposer la pâte 20 minutes au réfrigérateur.
Remplissez la cuve de votre friteuse avec l'huile de pépins de raisin. Faites chauffer à 150 °C. Juste avant de procéder à la friture, ajoutez 2 ou 3 glaçons à la pâte pour obtenir une pâte légère et croustillante. Trempez les champignons, légumes et feuilles de sauge dans la pâte au fur et à mesure avant de les faire frire. Dès qu'ils sont bien dorés, sortez-les et égouttez-les.

L'huile de pépins de raisin est la plus neutre des huiles, elle permet donc de ne pas masquer la saveur des aliments.
Utilisez toujours la friteuse en respectant le niveau d'huile préconisé. Faites très attention aux éventuelles projections d'huile et ne salez jamais un aliment au-dessus de la friteuse. Vous pouvez conserver l'huile dans la friteuse même, couvercle bien remis en place, sauf si celle-ci n'est pas souvent utilisée auquel cas il vaut mieux la nettoyer. Changer l'huile régulièrement prolongera la durée de vie de votre appareil ; ne mélangez jamais une huile nouvelle à l'ancienne.

Salade de magret de canard fumé

À l'avance : 12 heures
Préparation : 10 minutes
Appareil nécessaire : trancheuse

Pour : 4 personnes

- 300 g de magret de canard fumé
- 80 g de foie gras cuit
- 1 salade feuille de chêne
- 16 noisettes
- 8 noix
- 2 cuillères à soupe de vinaigre de vin de Xérès
- 3 cuillères à soupe d'huile de pépins de raisin
- 1 cuillère à café d'huile de noisette
- sel, poivre

La veille, placez le magret au congélateur pour pouvoir le trancher plus fin et plus facilement.
Le jour même, épluchez et lavez la salade, essorez-la bien. Préparez la vinaigrette avec le sel, le poivre, le vinaigre et les huiles. Sortez le magret du congélateur et tranchez-le très fin avec la trancheuse. Décortiquez les noisettes, passez-les 2 à 3 minutes au four puis écrasez-les en éclats à l'aide du plat d'un couteau. Décortiquez les noix.
Assaisonnez la salade, disposez-la sur les assiettes. Garnissez de lamelles de magret, de noisettes et de noix. Coupez des copeaux de foie gras et parsemez-en la salade.

Les aliments très durs se tranchent plus facilement, c'est pourquoi il est bon, si possible, de les congeler avant la découpe, on peut ainsi obtenir des tranches plus fines.

Pâté maison

À l'avance : de préférence 3 ou 4 jours
Préparation : 25 minutes
Repos : 4 à 5 heures
Cuisson : 1 h 30
Appareil nécessaire : hachoir à viande grille fine ou robot avec kit hachoir grille fine

Pour : 8 à 10 personnes

- 1 kg de poitrine de porc fraîche
- 250 g de foie de porc
- 3 œufs
- 20 g de farine
- 2 ou 3 échalotes (selon la grosseur)
- 1/2 botte de persil plat
- 1 carotte (facultatif)
- 3 à 5 cl (3 cs) de vin blanc (facultatif)
- 3 cl (2 cs) de cognac
- 6 g (1 grosse pincée) de quatre-épices
- 15 g de sel
- 8 g (2 pincées) de poivre

- **Gelée :**
- 2 cl (4 cc) d'eau
- 15 g de poudre de gelée

Hachez la viande avec les échalotes et le persil à la grille fine dans votre hachoir. Ajoutez le cognac, le quatre-épices, le sel et le poivre, mélangez. Incorporez les œufs et la farine, mélangez à nouveau. Si la préparation est trop sèche, versez-y le vin blanc. Laissez reposer une demi-journée.
Versez la préparation dans une terrine. Faites cuire à four chaud 200 °C (th. 7) pendant 1 h 30 environ.
Préparez la gelée en mélangeant l'eau bouillante avec la poudre de gelée. À la sortie du four, recouvrez le pâté avec de la gelée bouillante jusqu'au ras de la terrine.
Laissez refroidir complètement et placez au réfrigérateur. Pour que les arômes se développent bien, laissez reposer la terrine 3 ou 4 jours au réfrigérateur avant de déguster.

Pour donner de la couleur à votre pâté, ajoutez une carotte dans le hachis de viande.

Terrine de canard

À l'avance : 2 jours
Préparation : 40 minutes
Cuisson : 1 h 30
Appareil nécessaire : hachoir à viande grille moyenne ou robot avec kit hachoir grille moyenne

Pour : 10 à 12 personnes

- 1 gros canard
- 500 g de chair de veau
- 150 g de pain de mie
- 1 œuf
- 10 g de beurre
- 2 échalotes
- 1 brin de thym
- 2 feuilles de laurier
- 3 cl (2 cs) de vin blanc sec
- 1 cl (2 cc) de cognac
- 5 cl (3 cs) de lait
- 15 g de sel
- 8 g (2 pincées) de poivre

À l'aide d'un petit couteau bien aiguisé prélevez les poitrines de canard, au plus près de la carcasse. Distinguez magrets et aiguillettes (l'aiguillette est la tranche fine et longue située sous le magret) et coupez une lamelle de 1 cm d'épaisseur dans chaque magret. Faites chauffer le beurre dans une poêle, posez-y les aiguillettes et les 2 lamelles de canard. Faites-les sauter pendant quelques minutes sur feu vif : elles doivent être bien dorées, mais rosées à l'intérieur. Réservez. Détaillez le reste des magrets en morceaux, désossez les cuisses en prenant soin de retirer la peau et les tendons. Passez au hachoir équipé de la grille moyenne avec le foie, le cœur, le gésier du canard et la chair de veau. Mettez le hachis dans un saladier, ajoutez les échalotes hachées et le pain de mie trempé dans le lait, salez, poivrez et mélangez bien. Incorporez le vin, le cognac et l'œuf en travaillant la farce. Préchauffez le four à 180 °C (th. 6). Déposez le tiers de la farce dans une terrine assez grande, disposez les 2 aiguillettes poêlées et recouvrez du second tiers de farce. Disposez les 2 lamelles de canard et recouvrez le tout avec le reste de farce. Posez par-dessus 1 brin de thym et 2 feuilles de laurier. Couvrez la terrine et posez-la dans un bain-marie (grand plat creux rempli d'eau bouillante). Faites cuire dans le four pendant 1 h 30.
Sortez et laissez refroidir. Lorsque la terrine est froide, retirez le couvercle, recouvrez d'une feuille de papier sulfurisé et posez un poids dessus pour bien la tasser de façon à obtenir ensuite de belles tranches. Mettez-la pendant 48 heures au réfrigérateur avant de consommer. Servez frais, directement dans la terrine.

Si vous pouvez réaliser cette recette avec des colverts sauvages elle n'en sera que plus savoureuse. Confectionnez-la alors avec 2 canards, car ils pèsent environ 800 g pièce.

Gaspacho de tomates

Préparation : 20 minutes

Appareils nécessaires : mixeur blender, mixeur plongeant

Pour : 4 personnes

- 10 tomates Roma bien mûres
- 2 échalotes
- 6 feuilles de basilic
- 10 cl de crème fleurette
- 1 cuillère à soupe de concentré de tomate
- Tabasco (selon votre goût)
- 1 pincée de sel fin
- 1 pincée de fleur de sel

Mondez les tomates, pour cela faites bouillir une grande casserole d'eau. Enlevez le pédoncule des tomates avec la pointe d'un couteau. Faites une petite croix sur la peau, sans couper la chair, à l'opposé du pédoncule. Plongez les tomates dans l'eau bouillante 2 à 3 secondes. Mettez-les ensuite à refroidir dans un saladier d'eau glacée. Pelez-les, la peau doit s'enlever facilement. Coupez-les en quatre puis enlevez les pépins.

Placez les tomates dans le bol blender de votre mixeur avec les échalotes, le sel fin, le Tabasco, le concentré de tomate. Mixez jusqu'à l'obtention d'un aspect crémeux. Mettez au frais.

Juste avant de servir, montez la crème fleurette au mixeur plongeant puis ajoutez le basilic ciselé. Saupoudrez de fleur de sel. Servez le gaspacho dans des bols. Recouvrez d'une généreuse cuillère de crème au basilic.

Très utilisé en Amérique du Nord, le blender a récemment acquis ses lettres de noblesse dans la cuisine européenne. Il est parfait pour la réalisation des veloutés, soupes, milk-shakes, sauces, pâtes à crêpes...

Crème de cresson

Préparation : 15 minutes
Cuisson : 10 minutes
Appareils nécessaires : mixeur blender, mixeur plongeant

Pour : 4 personnes

- 2 bottes de cresson
- 4 cuillères à soupe de crème fleurette
- 25 cl d'eau bouillante
- 3 cuillères à soupe de gros sel gris
- sel fin
- poivre du moulin

Séparez les feuilles de cresson de leurs tiges, jetez ces dernières et rincez les feuilles à l'eau claire.
Faites bouillir 3 litres d'eau dans une grande casserole, ajoutez-y le gros sel. Mettez-y les feuilles de cresson et faites-les cuire pendant 3 à 4 minutes après la reprise de l'ébullition puis plongez-les dans de l'eau glacée. Quand les feuilles sont bien froides, égouttez-les puis pressez-les dans le creux de la main. Mettez-les dans le bol blender de votre mixeur. Ajoutez les 25 cl d'eau bouillante. Laissez tourner jusqu'à l'obtention d'une crème onctueuse.
Montez la crème fleurette au mixeur plongeant. Juste avant de servir, versez dans une petite casserole la crème de cresson, faites chauffer, salez et poivrez. Au frémissement, ajoutez la crème fleurette fouettée, et mixez avec votre mixeur plongeant. Rectifiez l'assaisonnement.
Servez aussitôt dans des assiettes ou bols chauds.

Le fait de plonger les feuilles tout juste cuites dans un bain d'eau glacée permet de fixer leur belle couleur verte.

Vichyssoise

Préparation : 10 minutes
Cuisson : 40 minutes
Appareil nécessaire : mixeur blender

Pour : 4 personnes

- 5 belles pommes de terre (Charlotte)
- 3 blancs de poireaux
- 1 l de lait entier
- 2 cuillères à soupe de crème fraîche épaisse
- 30 g de beurre
- 1 pincée de gros sel gris
- 5 g (1 grosse pincée) de sel fin
- fleur de sel
- poivre du moulin

Épluchez les pommes de terre. Coupez-les en cubes. Coupez les blancs de poireaux en deux dans la longueur puis taillez-les en tronçons de 1 cm de long. Lavez et égouttez-les.
Faites fondre le beurre dans une cocotte puis ajoutez les poireaux et faites-les suer sans les faire colorer.
Ajoutez les pommes de terre et le lait entier. Portez à ébullition en remuant à l'aide d'une spatule en bois pour ne pas que le fond attache. Ajoutez le gros sel et faites cuire 35 minutes à feu très doux.
Mixez la préparation chaude dans le bol blender de votre robot afin d'obtenir une crème bien lisse. Ajoutez la crème fraîche, le sel fin, le poivre fraîchement moulu. Mixez à nouveau l'ensemble et rectifiez l'assaisonnement. Servez chaud dans des assiettes creuses. Parsemez d'un peu de fleur de sel juste avant de servir.

Le poireau est un légume très fibreux. Il est nécessaire de le mixer longtemps pour obtenir une consistance parfaite.

Velouté de champignons

Préparation : 20 minutes
Cuisson : 40 minutes
Appareil nécessaire : mixeur blender

Pour : 4 personnes

- **Velouté :**
- 500 g de champignons de Paris bien blancs
- 1 grosse échalote
- 1 l de bouillon de volaille
- 20 cl de crème fraîche
- 1 cuillère à soupe de graisse d'oie
- 1 branche de thym
- 1 feuille de laurier
- gros sel gris
- sel fin
- poivre du moulin

- **Champignons sautés :**
- 30 g de girolles
- 30 g de cèpes
- 30 g de trompettes de la mort
- 30 g de pieds de mouton
- 60 g de beurre
- 3 branches de persil plat
- sel, poivre

Nettoyez les champignons séparément. Hachez l'échalote. Coupez les champignons de Paris en lamelles.
Faites suer l'échalote avec la graisse d'oie sans faire colorer. Ajoutez les lamelles de champignons de Paris, faites suer l'ensemble. Mouillez avec le bouillon, ajoutez la branche de thym, la feuille de laurier et le gros sel. Faites cuire 35 minutes à feu doux. Enlevez le laurier et le thym, ajoutez la crème fraîche puis mixez dans le bol blender de votre robot. Rectifiez l'assaisonnement.
Faites sauter individuellement les champignons (girolles, cèpes, trompettes de la mort, pieds de mouton) avec le beurre et le persil plat, salez et poivrez. Placez un assortiment des différents champignons dans des assiettes creuses puis nappez de velouté bien chaud.

O/P
Ruby

Mini-croques

Préparation : 10 minutes
Cuisson : 5 minutes par croque
Appareil nécessaire : gaufrier avec plaque à sandwichs clubs

Pour : 8 croques

- 16 tranches de pain mie
- 4 tranches de jambon cuit ou cru
- 250 g de gruyère râpé
- 2 œufs
- 20 à 30 g de beurre
- 20 cl de crème fraîche
- noix de muscade
- sel, poivre

Préchauffez le gaufrier. Préparez la crème. Dans un bol, cassez les œufs, salez, poivrez, ajoutez une petite pincée de muscade et mélangez. Incorporez la crème fraîche et le gruyère.
Tartinez de beurre une face de chaque tranche de pain.
Posez sur la face non beurrée de la moitié d'entre elles un peu de la crème préparée et une demi-tranche de jambon.
Couvrez généreusement de crème. Posez par-dessus l'autre tranche de pain, côté beurré vers le haut.
Coupez les sandwichs en deux dans la diagonale et faites cuire dans le gaufrier jusqu'à l'obtention d'une belle coloration dorée. Servez avec une salade verte.

Croques au thon frais

Préparation : 10 minutes
Cuisson : 5 minutes par croque
Appareil nécessaire : gaufrier avec plaque à gril et sandwichs

Pour : 4 croques

- 8 tranches de pain de campagne frais
- 4 tranches de 50 g de thon frais
- 200 g de gruyère râpé
- 2 œufs
- 25 cl de crème fraîche
- 20 à 30 g de beurre
- noix de muscade
- sel, poivre

Préchauffez le gaufrier. Préparez la crème. Dans un bol, cassez les œufs, salez, poivrez, ajoutez une petite pincée de muscade et mélangez. Incorporez la crème fraîche et le gruyère.
Tartinez de beurre une face de chaque tranche de pain.
Posez sur la face non beurrée un peu de la crème préparée et une tranche de thon. Couvrez généreusement de crème.
Posez par-dessus l'autre tranche de pain, côté beurré vers le haut et faites cuire dans le gaufrier jusqu'à l'obtention d'une belle coloration dorée.

Pizzas aux lardons

Préparation : 40 minutes
Repos : 2 h 20
Cuisson sauce tomate : 10 minutes
Cuisson pizzas : 5 à 6 minutes
Appareils nécessaires : robot avec crochet à pâte, four à pizza

Pour : 4 personnes

- **Pâte :**
- 500 g de farine
- 200 g de farine pour étaler et façonner la pâte
- 1 œuf
- 10 g (1 sachet) de levure de boulangerie
- 2 cuillères à soupe d'huile d'olive
- 8,5 cl (5 cs) de lait
- 25 cl d'eau
- 5 g (1 grosse pincée) de sel

- **Garniture :**
- 500 g de tomates concassées égouttées
- 400 g de fromage à pizza (mozzarella, emmental râpé...)
- 200 g de lardons
- 2 beaux oignons
- 2 gousses d'ail
- 20 olives noires dénoyautées
- 15 g de beurre
- 1 pincée de sel, poivre du moulin

Préparez la pâte. Versez tous les ingrédients dans la cuve de votre robot muni du crochet à pâte. Pétrissez 3 minutes à petite vitesse puis accélérez à vitesse moyenne, à nouveau 3 minutes. La pâte doit avoir un aspect bien lisse. Saupoudrez la pâte de farine et sortez-la de la cuve à l'aide d'une corne (plaque de plastique servant à racler les cuves) ou de vos mains farinées. Déposez-la sur un plan de travail fariné. Façonnez-la en boule. Déposez-la dans un saladier et recouvrez-la d'un torchon. Laissez reposer 2 heures au réfrigérateur. Faites préchauffer le four à pizza thermostat 3. Sortez la pâte et déposez-la sur le plan de travail fariné. Coupez-la en quatre morceaux égaux. Façonnez quatre boules. Laissez reposer à température ambiante 20 minutes. Déposez une boule sur le plan de travail fariné, étalez-la en farinant bien et en retournant plusieurs fois jusqu'à former un disque de 25 cm de diamètre environ. Farinez encore et faites glisser sur une plaque métallique lisse. Façonnez ainsi les 3 autres boules. Faites glisser un disque de pâte sur la pierre du four. Fermez et laissez précuire 40 secondes. Sortez la pâte à l'aide de deux spatules de bois et déposez-la sur une grille. Enlevez l'excédent de farine. Faites précuire ainsi les 3 autres disques de pâte. Épluchez les oignons et les gousses d'ail, coupez-les en deux puis en lamelles très fines et faites-les suer dans le beurre. Ajoutez la tomate concassée, assaisonnez et laissez cuire à feu doux pendant 10 minutes. Toutes ces opérations peuvent se faire à l'avance. Avant le repas, faites préchauffer le four à pizza thermostat 3. Garnissez les fonds de pâte de sauce tomate. Parsemez de lardons et de fromage râpé ou taillé en fines rondelles. Ajoutez les olives. Mettez à cuire dans le four chaud 5 à 6 minutes par pizza. Servez aussitôt.

Pour d'excellents résultats utilisez de préférence un four à pizza équipé d'une pierre réfractaire.

2

Plats principaux

Blancs de pintade aux herbes

Préparation : 5 minutes
Cuisson : 25 minutes
Appareils nécessaires : cuiseur vapeur, presse-agrumes

Pour : 4 personnes

- 4 blancs de pintade
- 4 branches de thym-citron
- 8 feuilles d'estragon
- 4 petites feuilles de laurier
- le jus d'1/2 citron
- 5 cl (3 cs) d'huile d'olive
- gros sel gris

Mélangez l'huile, le thym-citron, l'estragon haché, le laurier, le gros sel et le jus de citron. Frottez les blancs de pintade avec ce mélange.
Versez 1 litre d'eau dans le réservoir du cuiseur vapeur. Faites préchauffer. Placez les blancs de pintade dans le bol de cuisson du cuiseur vapeur et faites cuire pendant 25 minutes.
Servez ce plat avec une salade et une sauce au citron et à l'huile d'olive.

La cuisson à la vapeur est la plus saine qui soit. Elle permet la préservation des vitamines et sels minéraux et de la saveur naturelle des aliments. Les plats ainsi cuits sont à la fois simples et raffinés, et conviennent particulièrement à ceux qui surveillent leur poids sans sacrifier les plaisirs de la table.

Cook'in
WEB

Brochettes de béatilles de volaille

Préparation : 10 minutes
Cuisson : 5 à 6 minutes
Appareil nécessaire : gril ou barbecue

Pour : 4 personnes

- 350 g de foie de volaille
- 350 g de cœur de volaille
- 1 poivron jaune
- 1 poivron rouge
- 5 cl (3 cs) d'huile d'olive
- sel, poivre

Coupez les poivrons, le foie et le cœur de volaille en morceaux d'environ 3 cm de côté. Préparez les brochettes avec ces morceaux. Assaisonnez-les de sel et poivre et roulez-les dans l'huile. Préchauffez le gril. Faites cuire les brochettes 5 à 6 minutes en les tournant régulièrement. Servez avec une salade ou un riz à l'ananas et aux raisins (voir recette page 84).

Le terme béatilles, souvent employé par les cuisiniers, désigne plus poétiquement les abattis.
Au gril, faites cuire les aliments à température ambiante. Ils ne doivent pas être humides, essuyez-les si nécessaire. Avant la cuisson de légumes, de poissons ou viandes maigres non marinées, passez un chiffon imbibé d'huile sur la surface du gril.

Cuisses de poulet aux herbes

Préparation : 2 minutes
Cuisson : 10 à 15 minutes
Appareil nécessaire : gril ou barbecue

Pour : 4 personnes

- 4 cuisses de poulet ou 4 blancs de poulet
- 4 branches de thym
- herbes de Provence
- sel, poivre

Préchauffez le gril. Disposez les cuisses de poulet sur le gril, assaisonnez avec le thym et les herbes, le sel, le poivre.
Fermez le gril et faites cuire 10 minutes environ.
Servez avec des légumes grillés (voir recette page 72) et une salade.

Incisez la peau des cuisses avec un couteau pour éviter que la chair ne se rétracte à la cuisson.

Entrecôtes

Préparation : 2 minutes
Cuisson : 10 minutes
Appareil nécessaire : gril ou barbecue

Pour : 4 personnes

- 4 entrecôtes de 200 g pièce
- sel, poivre

Préchauffez le gril à température assez forte.
Disposez les entrecôtes sur le gril, assaisonnez de sel et de poivre. Fermez le gril et faites cuire 10 minutes environ.
Servez les entrecôtes accompagnées d'une sauce béarnaise ou tartare, avec des légumes grillés (voir recette page 72) et une salade.

Pensez à sortir la viande du réfrigérateur au moins 30 minutes avant la cuisson, vous obtiendrez une viande plus tendre. La viande ne doit pas être humide, essuyez-la si nécessaire. Avant la cuisson passez un chiffon imbibé d'huile sur la surface du gril.

Côtes d'agneau au thym

Préparation : 2 minutes
Cuisson : 10 minutes
Appareil nécessaire : gril ou barbecue

Pour : 4 personnes

- 8 côtes d'agneau
- 8 branches de thym
- sel, poivre

Préchauffez le gril. Disposez les côtes d'agneau sur le gril, assaisonnez avec le thym, le sel et le poivre.
Fermez le gril et faites cuire 10 minutes environ.
Servez avec des légumes grillés (voir recette page 72) et une salade.

Après 5 minutes de cuisson, tournez les côtes d'un quart de tour pour les marquer d'un beau quadrillage.

Côte de bœuf au gros sel

Préparation : 3 minutes
Cuisson : 25 minutes
Appareil nécessaire : gril ou barbecue

Pour : 4 personnes

- 1,5 kg de côte de bœuf
- 2 têtes d'ail
- 1 cl (2 cc) d'huile de pépins de raisin
- gros sel gris
- fleur de sel
- poivre du moulin

Préchauffez le gril à température moyenne. Coupez les têtes d'ail entières en deux dans l'épaisseur. Posez-les sur le gril côté chair et laissez cuire environ 8 minutes puis augmentez la puissance du gril sans ôter l'ail.
Huilez légèrement la côte de bœuf, poivrez-la et tamponnez-la de gros sel. Posez-la sur le gril, faites cuire 6 à 7 minutes. Retournez la viande et l'ail, et poursuivez la cuisson 6 à 7 minutes. Vérifiez la cuisson des têtes d'ail en les piquant à l'aide du couteau. La lame doit s'enfoncer sans résistance. Ôtez la viande du gril et laissez-la reposer sur une grille pendant 5 à 10 minutes.
Juste avant de servir, repassez la côte de bœuf au gril pendant 2 minutes de chaque côté pour terminer la cuisson. Le temps de cuisson est bien sûr à ajuster selon le goût. Tranchez-la et parsemez de fleur de sel. Vous pouvez accompagner de salade, d'une galette de pommes de terre (voir recette page 78) et agrémenter de sauce tartare, bourguignonne et béarnaise.

Pendant la cuisson de la viande, donnez-lui 1/4 de tour à mi-cuisson pour la marquer d'un joli quadrillage.

Tartare de bœuf

Préparation : 10 minutes

Appareil nécessaire : robot avec kit hachoir grille grosse ou hachoir à viande grille grosse

Pour : 4 personnes

- 600 g de viande de bœuf (tranche ou gîte)
- 4 jaunes d'œufs
- 110 g d'oignons hachés
- 25 g de câpres
- 35 g de moutarde de Dijon
- 80 g d'huile de pépins de raisin
- 40 g de vinaigre de Xérès
- 4 cuillères à soupe de sauce Worcestershire
- Tabasco (selon votre goût)
- sel, poivre

Passez la viande au hachoir grille grosse puis mettez-la dans un saladier. Ajoutez tous les autres ingrédients sauf les jaunes d'œufs et mélangez avec une spatule en bois. Salez et poivrez. Séparez la viande assaisonnée en quatre portions.
Servez chaque portion en dôme dans une assiette puis faites un petit trou au sommet et déposez-y un jaune d'œuf.
Accompagnez d'une salade et de frites.

Hachez la viande à température réfrigérée (mais non surgelée) afin d'éviter la perte du jus.
Les blancs d'œufs peuvent être utilisés pour préparer des meringues (voir recette page 102).

Parmentier de queue de bœuf

Préparation : 40 minutes
Cuisson : 1 h 50 minutes
Appareil nécessaire : robot avec feuille (batteur plat) + kit hachoir grille moyenne ou hachoir à viande grille moyenne

Pour : 6 personnes

- 2 pièces de queue de bœuf (soit 1 kg à 1,2 kg)
- 1 kg de pomme de terre Agria
- 150 g de gruyère râpé
- 1 carotte
- 1 oignon
- 2 échalotes
- 2 gousses d'ail
- 2 feuilles de laurier
- 3 branches de thym
- 40 g d'huile de pépins de raisin
- 20 cl de vin blanc sec
- 15 cl de lait
- sel, poivre

Si les queues de bœuf ne sont pas coupées, coupez-les en tronçons entre les articulations.
Faites chauffer l'huile dans une cocotte puis faites braiser les morceaux de queues, ils doivent être bien colorés.
Épluchez et coupez la carotte, l'oignon, les échalotes et écrasez les gousses d'ail. Ajoutez-les aux morceaux de queues, déglacez avec le vin puis mouillez à hauteur avec de l'eau. Ajoutez le thym et le laurier, salez et poivrez. Faites mijoter pendant 1 heure à feu doux. Sortez les morceaux de queues du bouillon, la chair doit se détacher de l'os.
Passez le bouillon et laissez égoutter la garniture.
Faites cuire les pommes de terre en robe des champs (avec la peau) pendant 20 minutes à l'eau bouillante. Pelez-les, versez-les dans la cuve de votre robot, allongez avec le lait et du bouillon si besoin et battez lentement avec la feuille pour obtenir une purée. Elle doit être lisse et onctueuse mais pas liquide. Assaisonnez de sel et poivre.
Hachez la viande et la garniture. Dans un plat à gratin, mettez une couche de purée puis le hachis, recouvrez de purée et parsemez de gruyère. Faites cuire au four à 170 °C (th. 5-6) pendant 20 minutes, le Parmentier doit être bien doré.
Accompagnez d'une salade verte.

Foie gras de canard au cassis

Préparation : 15 minutes
Cuisson : 15 minutes
Appareil nécessaire : gril réversible côté plancha

Pour : 4 personnes

- 240 g de foie gras de canard soit 4 tranches de 60 g
- 1 pomme Golden
- 10 g de beurre (dont 1 petite noix pour les pommes)
- 8 cuillères à soupe de crème de cassis de Bourgogne
- 2 cuillères à soupe de vinaigre de framboise
- 6 g (1 grosse pincée) de sucre cassonade
- 0,1 g de safran en filaments
- sel fin

Épluchez la pomme, coupez-la en huit. Mettez-la dans une casserole avec une petite noix de beurre, un peu d'eau et le safran. Couvrez et laissez cuire à feu moyen pendant 5 minutes environ, en remuant de temps en temps.
Réalisez une gastrique : placez le beurre et la cassonade dans une casserole, faites caraméliser puis déglacez avec le vinaigre de framboise. Ajoutez la crème de cassis de Bourgogne, laissez réduire jusqu'à l'obtention d'une consistance liquoreuse.
Faites préchauffer la plancha à la puissance maximale.
Assaisonnez les tranches de foie gras sur chaque face avec du sel fin. Faites-les cuire 1 minute sur chaque face, de façon à ce qu'elles soient grillées sans être fondues. Égouttez-les sur un papier absorbant.
Disposez des morceaux de pomme et une tranche de foie gras chaud sur chaque assiette tiède. Présentez la sauce en saucière, servez aussitôt autour du foie gras.

La plancha doit être très chaude afin de bien saisir les tranches de foie gras qui prendront ainsi une belle coloration dorée.

Tourte de lièvre

À l'avance : 12 heures
Préparation : 1 heure
Repos : 1 heure
Cuisson : 3 heures
Appareil nécessaire : hachoir à viande grille moyenne ou robot avec kit hachoir grille moyenne

Pour : 8 personnes

- **Marinade de lièvre :**
- 1 râble de lièvre désossé
- 2 cuisses de lièvre désossées et dénervées
- 1 l de vin rouge
- 5 cl (3 cs) de cognac

- **Garniture aromatique :**
- 140 g d'oignons
- 60 g d'échalotes
- 90 g de carottes
- 2 branches de céleri
- 3 gousses d'ail
- 1 bouquet garni (thym et laurier)
- 2 baies de genièvre

La veille, mélangez dans un saladier tous les ingrédients de la marinade et de la garniture en prenant soin d'éplucher carottes, oignons, ail, céleri et échalotes. Réservez les os du lièvre.

Le jour même, préparez la sauce. Faites égoutter la marinade pendant 1 heure. Réservez séparément le vin, la garniture aromatique, le râble et les cuisses du lièvre. Faites bouillir le vin et écumez-le.
Concassez les os du lièvre et, dans une sauteuse, faites-les bien colorer avec une cuillère à soupe d'huile. Ajoutez la garniture aromatique de la marinade, versez les 20 g de farine et laissez cuire 1 à 2 minutes. Mouillez avec le vin rouge et laissez mijoter 3 heures. Passez au chinois (passoire fine) puis laissez réduire du tiers du volume.
Préparez un roux. Dans une casserole, faites fondre 10 g de beurre, ajoutez 10 g de farine et laissez cuire 5 minutes en remuant. Liez la sauce au vin avec le roux, si besoin portez à ébullition pour l'épaissir. Rectifiez l'assaisonnement, incorporez le chocolat et la gelée de groseille selon votre goût et passez une nouvelle fois la sauce au chinois.

Préparez la farce. Épluchez et lavez les champignons. Faites-les revenir dans la graisse d'oie puis hachez-les grossièrement au couteau. Passez au hachoir le lard, les foies de lièvre, de volaille et de porc, les rognons et les cuisses du lièvre (réservez le râble). Ajoutez les champignons hachés, puis le thym. Salez et poivrez.

Sauce :
- les os du lièvre
- le vin rouge de la marinade
- 20 g de farine
- roux ou beurre manié (10 g de beurre +10 g de farine)
- 1 ou 2 carrés de chocolat noir
- 1 cuillère à café de gelée de groseille
- 1 cuillère à soupe d'huile
- sel, poivre

Farce :
- 200 g de la chair du lièvre soit les cuisses et les parures
- foie et rognons du lièvre
- 200 g de lard gras
- 150 g de foie de volaille
- 150 g de foie de porc
- 200 g de champignons (girolles, chanterelles, trompettes de la mort)
- 20 g de graisse d'oie
- 1 branche de thym
- 20 g de sel
- 5 g (1 grosse pincée) de poivre

Garniture du moule :
- 2 cercles de pâte feuilletée
- 250 g de foie gras frais de canard
- 1 œuf pour la dorure
- 1 truffe de 30 g (facultatif)

Confectionnez la tourte en disposant un cercle de pâte feuilletée sur une plaque. Dorez le bord sur 2 cm avec l'œuf battu. Placez la moitié de la farce au centre. Prélevez les filets du râble et disposez-les sur la farce avec le foie gras, ajoutez de fines lamelles de truffes, recouvrez du restant de farce. Fermez la tourte avec un cercle de pâte feuilletée. Froncez le bord, dorez le dessus de la pâte avec le restant d'œuf battu. Enfournez pendant 10 minutes dans un four préchauffé à 250 °C (th. 8) puis baissez le four à 180 °C (th. 6) et poursuivez la cuisson pendant 30 minutes.

Dorade aux agrumes sauce maltaise

Préparation : 20 minutes
Cuisson : 20 minutes
Appareils nécessaires : gril ou barbecue, presse-agrumes

Pour : 6 personnes

- 6 filets de dorade (avec la peau)
- 200 g de beurre
- 3 jaunes d'œufs
- 5 oranges non traitées
- 2 citrons non traités
- 6 branches d'aneth
- 5 cl (3 cs) d'huile d'olive
- sel, poivre

Préchauffez le gril. Préparez la sauce maltaise. Mettez les jaunes d'œufs dans une casserole au bain-marie. Pressez 3 oranges et versez le jus recueilli dans la casserole. Fouettez jusqu'à ce que le mélange devienne crémeux. Ajoutez le beurre petit à petit en continuant à fouetter. Salez et poivrez. Réservez dans le bain-marie hors du feu.
Posez les filets de dorade dans un plat, faites quelques entailles sur la peau, recouvrez d'un filet d'huile d'olive, salez, poivrez. Quand le gril est bien chaud, déposez-y les filets, côté peau en dessous, et faites-les cuire 5 minutes. Prélevez les zestes des citrons et des 2 oranges restant. Faites-les blanchir 5 minutes dans une casserole. Pelez les fruits à vif en retirant les membranes blanches. Réservez les quartiers. Nappez chaque assiette de sauce maltaise, disposez le filet de dorade ainsi que les quartiers d'agrumes et décorez avec les zestes et l'aneth. Servez immédiatement accompagné de riz pilaf.

Sortez les filets à l'avance du réfrigérateur afin qu'ils soient à température ambiante, essuyez-les avant la cuisson.

Haddock

À l'avance : 12 heures
Préparation : 10 minutes
Cuisson : 15 minutes
Appareils nécessaires : cuiseur vapeur, presse-agrumes

Pour : 4 personnes

- 4 morceaux de haddock de 120 g pièce
- 1 botte de ciboulette
- 50 g de beurre
- 20 cl de crème fleurette
- 20 cl de lait
- le jus d'1/2 citron
- sel, poivre

La veille, placez les morceaux de haddock dans un plat et couvrez avec de l'eau additionnée de lait. Laissez macérer une nuit.
Le jour même, versez 1 litre d'eau dans le réservoir du cuiseur vapeur. Faites préchauffer. Mettez les morceaux de haddock à cuire pendant environ 6 minutes. Maintenez au chaud. Faites bouillir la crème fleurette, le sel et le poivre. Hors du feu, ajoutez le jus de citron, incorporez le beurre froid coupé en petits cubes et montez avec un fouet au fur et à mesure qu'ils fondent. Incorporez la ciboulette ciselée. Servez le haddock nappé de sauce et accompagné de riz ou de spaghettis de légumes (voir recette page 86).

Ne servez pas dans des assiettes trop chaudes, la sauce risquerait de bouillir et de tourner en beurre.

WEB

Poêlée de saint-jacques aux navets rutabagas confits, jus de canard au vinaigre de noix

Préparation : 20 minutes
Cuisson : 15 minutes
Appareil nécessaire : gril réversible côté plancha

Pour : 4 personnes

- 12 pièces de saint-jacques
- 5 cl (3 cs) d'huile de pépins de raisin
- 1 pincée de sel
- 1 pincée de poivre

- **Sauce :**
- 200 g de navets rutabagas
- 25 cl de fond de canard
- 20 cl de fond de volaille
- 10 cl de vinaigre de noix
- 20 g de beurre
- 10 g de cassonade
- 5 g (1 grosse pincée) de gros sel gris

Faites préchauffer la plancha à température moyenne.
Épluchez les navets et taillez-les en brunoise (cubes de 3 à 4 mm de côté). Faites cuire cette brunoise quelques minutes dans une sauteuse avec le beurre, la cassonade, le gros sel et le fond de volaille. Égouttez et remettez les navets dans la sauteuse. Faites glacer à blanc (revenir sans coloration).
Mettez dans une casserole les navets et le fond de canard, faites réduire jusqu'à l'obtention d'une consistance liquoreuse, ajoutez le vinaigre de noix, faites bouillir 30 secondes environ.
Ouvrez et nettoyez les noix de saint-jacques. Égouttez-les dans un torchon. Coupez-les en trois morceaux. Salez, poivrez et roulez-les dans l'huile de pépins de raisin. Passez-les à la plancha quelques minutes sur une seule face, jusqu'à ce qu'ils soient dorés. Disposez les saint-jacques en cercle dans une assiette tiède, placez au milieu les navets, arrosez d'un filet de sauce.

Sortez les saint-jacques à l'avance du réfrigérateur afin qu'elles soient à température ambiante, essuyez-les avant la cuisson.

Filets de rougets rôtis sur la peau, huile de Maussane, citron confit et aromates

Préparation : 30 minutes
Cuisson : 20 minutes
Appareils nécessaires : gril réversible côté plancha, presse-agrumes

Pour : 4 personnes

- 8 filets de rougets
- 10 cl d'huile d'olive

- **Garniture :**
- 2 pommes de terre violettes
- 1 poivron rouge
- 1 tomate
- 1 courgette
- 1 citron confit
- 1 gousse d'ail
- 10 olives de Nyons
- 1/4 l d'huile de Maussane
- le jus d'1 citron
- sel, poivre
- fleur de sel de Guérande

Coupez en brunoise (cubes de 3 à 4 mm de côté) le citron confit, le poivron, la courgette, les pommes de terre violettes épluchées et les olives. Blanchissez les courgettes en les plongeant brièvement dans l'eau bouillante. Dans une casserole, faites sauter les poivrons avec la moitié de l'huile d'olive. Faites cuire les pommes de terre 10 minutes à l'eau bouillante. Plongez la tomate quelques secondes dans l'eau bouillante pour la monder, épluchez-la et coupez-la en petits cubes. Hachez l'ail.
Mélangez le tout avec l'huile de Maussane, ajoutez un peu de jus de citron. Assaisonnez de sel et poivre.
Préchauffez la plancha à température moyenne. Enduisez légèrement les filets de rougets de l'huile d'olive restant et faites-les cuire côté peau pendant 2 minutes. Retournez-les et poursuivez la cuisson 1 minute.
Disposez deux cuillères à soupe de garniture dans une assiette creuse et placez les filets par-dessus. Parsemez de fleur de sel de Guérande.

Sortez les filets à l'avance du réfrigérateur afin qu'ils soient à température ambiante, essuyez-les avant la cuisson.

Brandade de cabillaud

Préparation : 10 minutes
Cuisson : 25 à 30 minutes
Appareils nécessaires : cuiseur vapeur, robot avec feuille (batteur plat), presse-agrumes

Pour : 4 personnes

- 480 g de cabillaud
- 500 g de pommes de terre Agria
- 2 gousses d'ail
- 4 branches de thym-citron
- 8 feuilles d'estragon
- 4 petites feuilles de laurier
- 20 cl de lait,
- 5 cl (3 cs) d'huile d'olive
- le jus d'1 citron
- gros sel gris
- 5 g (1 grosse pincée) de sel fin
- poivre du moulin

Faites cuire les pommes de terre en robe des champs (avec la peau) pendant 20 minutes à l'eau bouillante. Pelez-les et réservez dans la cuve du robot.
Pendant ce temps, mélangez 2 cl (4 cc) d'huile, le thym-citron, l'estragon haché, le laurier, le gros sel et le jus de citron. Roulez les morceaux de cabillaud dans le mélange. Versez 1 litre d'eau froide dans la cuve de votre cuiseur vapeur et faites préchauffer. Placez les morceaux de cabillaud dans le cuiseur vapeur et faites cuire 5 à 8 minutes environ, selon la taille des morceaux et la fraîcheur du poisson (un poisson très frais demandera un peu plus de cuisson). Émiettez le poisson dans la cuve au-dessus des pommes de terre. Faites chauffer le lait et ajoutez-le dans la cuve. Ajoutez l'ail haché et l'huile d'olive restant. Salez et poivrez.
Battez avec la feuille à petite vitesse jusqu'à l'obtention d'un mélange souple. Ajoutez un peu d'huile d'olive si la préparation semble trop solide. Rectifiez l'assaisonnement. Servez avec une salade.

La feuille est un accessoire très pratique pour réaliser les purées, mais aussi les pâtes à biscuits et tous les autres mélanges assez solides.

PULSE
WEB
Lunch Pro

Gaufres aux pommes de terre et saumon fumé

Préparation : 10 minutes
Repos : 30 minutes
Cuisson : 4 minutes par gaufre
Appareils nécessaires : robot avec fouet, gaufrier avec plaque à gaufres, presse-agrumes

Pour : 6 grandes gaufres

- **Gaufres :**
- 250 g de farine
- 80 g de pommes de terre cuites et réduites en purée
- 4 œufs
- 75 g de beurre
- 10 g de sucre
- 1 sachet de levure chimique
- 15 cl de lait
- 15 cl d'eau
- 1 cuillère à soupe d'huile de pépins de raisin
- 1 cuillère à café de sel

- **Garniture :**
- 6 tranches de saumon fumé
- 20 cl de crème fraîche épaisse
- 1 botte de ciboulette
- le jus d'1 citron

Mélangez la farine, la levure et le sel dans la cuve de votre robot. Cassez-y les œufs. Ajoutez le beurre fondu, le lait et l'eau. Fouettez jusqu'à l'obtention d'un mélange bien lisse. Ajoutez le sucre, la purée de pommes de terre et l'huile. Fouettez à nouveau. La pâte doit être liquide et bien fluide, dans le cas contraire ajoutez de l'eau. Laissez reposer au moins 30 minutes. Huilez les plaques et faites préchauffer votre gaufrier pendant 5 à 10 minutes. Versez la pâte dans les moules du gaufrier à l'aide d'une louche. Faites cuire 4 minutes environ en retournant le gaufrier à mi-cuisson. Démoulez et réservez au chaud.
Mélangez la crème fraîche, la ciboulette ciselée et le jus de citron (selon votre goût). Servez les gaufres avec le saumon et la crème.

Avant de retourner le gaufrier, ouvrez la trappe qui sert de pied sur la face supérieure. Une fois cuites, ces gaufres sont également délicieuses simplement réchauffées au grille-pain.

Ravioles de Royans

Préparation : 5 minutes
Cuisson : 5 minutes
Appareils nécessaires : cuiseur vapeur, mixeur plongeant

Pour : 2 personnes

- 4 plaques de ravioles de Royans
- 50 g de gruyère râpé
- 20 cl de crème fleurette

Passer au fouet une crème fraîche chaude additionnée de fromage, voilà la méthode idéale pour obtenir une sauce au fromage bien onctueuse.

La cuisson à la vapeur permet pour les raviolis ou ravioles une cuisson en douceur, en effet ils sont fragiles et la cuisson à l'eau a tendance à les abîmer.

Versez 1 litre d'eau dans le réservoir du cuiseur vapeur. Faites préchauffer.
Dans une casserole, portez la crème fleurette à ébullition. Incorporez le gruyère et fouettez. Réservez.
Déposez les plaques de ravioles bien à plat dans le récipient du cuiseur vapeur. Faites cuire 1 minute environ. Servez sur des assiettes chauffées et nappez de sauce bien chaude.

Raviolis maison

Préparation : 45 minutes
Cuisson : 30 minutes
Repos : 1 heure
Appareils nécessaires : robot avec feuille (batteur plat), cuiseur vapeur, mixeur plongeant (facultatif)

Pour : 6 personnes

- **Raviolis :**
- 400 g de farine
- 5 œufs
- 2 cuillères à soupe d'huile d'olive
- 3 g (1 petite pincée) de sel
- **Sauce :**
- 6 tomates
- 2 branches de basilic
- 4 brins de ciboulette
- 2 brins de cerfeuil
- 2 cuillères à soupe d'huile d'olive
- 1 pincée de sucre semoule
- sel, poivre
- **Farce :**
- 125 g de bœuf haché
- 125 g de veau haché
- 3 feuilles de basilic
- 2 brins de cerfeuil
- 1 gousse d'ail
- 1 pincée de sel, poivre
- **Présentation :**
- 2 branches de basilic

Préparez la pâte des raviolis. Versez la farine dans la cuve de votre robot équipé de la feuille, mélangez-y le sel. Ajoutez-y les œufs et l'huile, pétrissez jusqu'à l'obtention d'une pâte. Réservez celle-ci dans un film alimentaire et laissez reposer 1 heure au réfrigérateur.
Préparez la sauce. Retirez le pédoncule des tomates, plongez-les quelques secondes dans l'eau bouillante. Quand la peau se détache, égouttez-les et plongez-les dans l'eau glacée. Pelez-les, coupez-les en quatre et enlevez les pépins puis concassez les quartiers. Faites suer les tomates dans une casserole avec l'huile d'olive bien chaude. Salez, poivrez et sucrez, ajoutez le basilic ciselé. Faites cuire doucement pendant 15 à 20 minutes en mélangeant de temps en temps. Passez si vous le souhaitez au mixeur plongeant.
Préparez la farce. Épluchez et hachez l'ail. Lavez, séchez, effeuillez et hachez finement les herbes. Mélangez-les aux viandes hachées et ajoutez l'ail. Salez, poivrez.
Étalez finement la pâte des raviolis sur le plan de travail. Coupez-la en deux feuilles égales et faites des petits tas de farce sur l'une des deux moitiés en les espaçant d'1/2 cm. Passez un pinceau imbibé d'eau entre chaque tas. Posez délicatement la deuxième pâte par-dessus et appuyez légèrement entre les tas de manière à coller les deux pâtes. Découpez les raviolis avec une roulette dentelée ou, à défaut, un couteau.
Faites préchauffer le cuiseur vapeur et faites cuire les raviolis pendant 3 minutes.
Lavez, séchez et ciselez le cerfeuil et la ciboulette. Ajoutez-les à la sauce tomate juste avant de servir. Disposez les raviolis dans une assiette, salez et poivrez. Arrosez de sauce tomate et décorez de petits bouquets de basilic.

Chips de betterave

Préparation : 15 minutes
Cuisson : 1 à 2 minutes
Appareil nécessaire : friteuse

Pour : 4 personnes

- 50 g de fécule de pomme de terre
- 3 betteraves crues
- 2 l d'huile de pépins de raisin (pour le bain de friture)
- sel

Épluchez les betteraves, émincez-les en tranches très fines. Passez-les dans la fécule de pomme de terre puis mettez-les dans une boîte fermée. Secouez la boîte pour faire partir le plus gros de la fécule. Procédez à cette opération par petites quantités pour éviter que la fécule ne s'agglutine trop sur les chips. Versez l'huile de friture dans la cuve de la friteuse. Faites chauffer à 170 °C. Lorsque l'huile est chaude, faites frire les chips pendant 1 à 2 minutes. Égouttez. Salez à votre goût.

Persil frit

Préparation : 5 minutes
Cuisson : quelques secondes
Appareil nécessaire : friteuse

Pour : 6 personnes

- 1 botte de persil plat
- 2 l d'huile de pépins de raisin (pour le bain de friture)
- sel

Effeuillez le persil, lavez-le bien et essorez-le.
Versez l'huile de friture dans la cuve de la friteuse. Faites chauffer à 170 °C. Lorsque l'huile est chaude, plongez-y le persil, faites-le frire quelques secondes. Sortez-le et égouttez-le sur du papier absorbant. Salez.

Utilisez toujours la friteuse en respectant le niveau d'huile préconisé. Faites très attention aux éventuelles projections d'huile et ne salez jamais un aliment au-dessus de la friteuse. Changer l'huile régulièrement prolongera la durée de vie de votre appareil ; ne mélangez jamais une huile nouvelle à l'ancienne.

Légumes grillés

Préparation : 10 minutes
Cuisson : 20 minutes
Appareil nécessaire : gril ou barbecue

Pour : 4 personnes

- 2 courgettes
- 1 poivron rouge
- 1 poivron jaune
- 2 oignons
- 1 petite aubergine
- 10 cl huile d'olive (facultatif)
- sel, poivre

Rincez les courgettes, poivrons et aubergine. Coupez les courgettes et l'aubergine en rondelles d'1 cm d'épaisseur. Coupez les poivrons en quatre et enlevez les pépins. Épluchez les oignons, coupez-les en grosses lamelles. Préchauffez le gril. Badigeonnez les légumes avec un peu d'huile d'olive avant de les disposer sur le gril. Réservez les courgettes.
Fermez le gril. Faites cuire 10 minutes. Ouvrez le gril et ajoutez les tranches de courgettes. Laissez cuire encore 10 minutes. Salez, poivrez. Servez avec des viandes ou des poissons grillés.

Pour une cuisson diététique, préférez un gril avec un plan incliné afin que les graisses s'écoulent. Ainsi les légumes restent légers et savoureux.

Tomates à la provençale

Préparation : 10 minutes
Cuisson : 50 minutes
Appareil nécessaire : mini-hachoir ou mixer blender avec bol hachoir

Pour : 4 personnes

- 4 tomates
- 100 g de pain rassis
- 30 g de parmesan râpé
- 1 filet d'anchois à l'huile
- 60 g de feuilles de persil plat
- 2 gousses d'ail
- 20 g de sucre
- 3 cl (2 cs) d'huile d'olive
- fleur de sel

Faites préchauffer le four à 160 °C (th. 5-6). Préparez la chapelure en hachant le pain rassis dans le bol du hachoir. Hachez l'ail, le persil plat et le filet d'anchois puis mélangez le tout à la chapelure, ajoutez le parmesan. Coupez les tomates en deux, poêlez-les 10 minutes côté coupe. Badigeonnez le fond d'un plat à gratin d'huile et saupoudrez de sucre. Disposez-y les tomates la coupe sur le dessus, saupoudrez-les de fleur de sel et recouvrez-les généreusement avec la préparation de chapelure. Faites cuire au four pendant 40 minutes. Servez avec une viande grillée.

Les mini-hachoirs sont très pratiques pour les préparations d'herbes aromatiques, d'oignons, ail ou échalotes, et également pour les noix ou encore les grains de café. Ils permettent aussi les fins hachis de jambon ou de poisson pour les bébés. Certains modèles de blenders ou de mixeurs plongeants sont équipés d'un bol hachoir.

Pommes dauphines

Préparation : 20 minutes
Cuisson : 40 minutes
Appareils nécessaires : cuiseur vapeur, robot avec feuille (batteur plat), friteuse

Pour : 6 personnes

- 500 g de pommes de terre Pompadour
- 1 petite pincée de muscade ou d'épices de votre choix
- sel, poivre

- **Pâte à choux :**
- 125 g de farine
- 80 g de beurre
- 4 œufs entiers
- 1/4 l de lait ou d'eau
- 2 l d'huile de pépins de raisin (pour le bain de friture)
- 5 g (1 grosse pincée) de sucre
- 1 pincée de sel

Versez 1 litre d'eau dans le réservoir de votre cuiseur vapeur. Faites préchauffer. Épluchez et lavez les pommes de terre. Faites-les cuire 30 minutes environ au cuiseur vapeur.
Préparez la pâte à choux. Mettez dans une casserole le lait, le beurre coupé en cubes, le sucre et le sel. Portez à ébullition. Hors du feu, incorporez la farine avec une spatule. Faites dessécher 2 à 3 minutes à feu doux jusqu'à ce que la pâte se décolle un peu des parois de la casserole.
Placez la pâte dans la cuve du robot. Mélangez à très petite vitesse avec la feuille. Ajoutez les œufs 2 par 2 sans trop battre. Incorporez les pommes de terre cuites, le sel, le poivre et la muscade et battez encore très lentement. Rectifiez l'assaisonnement.
Versez 2 l d'huile dans la cuve de la friteuse et faites chauffer à 170 °C. Lorsque l'huile est chaude, faites glisser à l'aide de deux cuillères à café des petites noix de pâte.
Laissez cuire chaque pomme dauphine 5 à 6 minutes en les retournant si besoin à mi-cuisson, en principe elles se retournent seules en cuisant. Sortez les pommes dauphines avec une écumoire et laissez-les égoutter sur du papier absorbant. Servez chaud.

Utilisez toujours la friteuse en respectant le niveau d'huile préconisé. Faites très attention aux éventuelles projections d'huile et ne salez jamais un aliment au-dessus de la friteuse. Vous pouvez conserver l'huile dans la friteuse même, couvercle bien remis en place, sauf si celle-ci n'est pas souvent utilisée auquel cas il vaut mieux la nettoyer. Changer l'huile régulièrement prolongera la durée de vie de votre appareil ; ne mélangez jamais une huile nouvelle à l'ancienne.

Galette de pommes de terre

Préparation : 15 minutes
Cuisson : 20 minutes
Appareil nécessaire : robot avec lame à trancher fine

Pour : 4 personnes

- 600 g de pommes de terre Agria
- 250 g de graisse d'oie
- sel, poivre

Épluchez et lavez les pommes de terre. Tranchez-les avec votre robot. Ne les relavez pas car il faut conserver l'amidon qu'elles renferment. Assaisonnez de sel et poivre.
Dans une poêle, faites chauffer la graisse d'oie, la quantité de graisse peut vous sembler importante mais, si elle est bien chaude, la galette dorera et ne s'imbibera pas plus que des frites.
Quand la graisse est chaude, versez les pommes de terre râpées et tassez à l'écumoire afin d'obtenir une galette d'environ 2 cm d'épaisseur. Mettez sur feu vif afin de cuire et colorer le dessous de la galette. Retournez-la, faites cuire l'autre côté (attention aux éclaboussures de graisse en la retournant). Posez-la ensuite sur une grille pour qu'elle s'égoutte. Servez bien chaud.

Risotto

Préparation : 5 minutes
Cuisson : 20 minutes
Appareils nécessaires : cuiseur à riz, robot avec fouet

Pour : 4 personnes

- 300 g de riz à risotto
- 200 g de crème fleurette
- 1 l de bouillon de volaille ou de fumet de poisson
- 8 g (2 pincées) de gros sel gris
- sel fin

Placez la cuve de votre robot au réfrigérateur pour la refroidir.
Faites crever le riz : versez-le dans la cuve du cuiseur à riz avec de l'eau à hauteur, fermez et laissez cuire pendant 5 minutes, stoppez la cuisson, égouttez et rincez à l'eau froide.
Remettez le riz dans la cuve avec le gros sel et le bouillon de volaille ou le fumet de poisson. Mélangez, fermez le couvercle et laissez cuire pendant 18 minutes.
Au moment de servir, montez aux 3/4 la crème fleurette au fouet, dans la cuve du robot bien refroidie. Incorporez la crème fouettée au risotto chaud dans la cuve du cuiseur à riz.
Rectifiez l'assaisonnement avec un peu de sel fin si besoin.
Ce risotto peut se maintenir au chaud dans la cuve du cuiseur à riz le temps de préparer le plat principal. Il accompagne idéalement une volaille grillée (voir recette page 42), des gambas, des coquilles saint-jacques grillées ou au beurre blanc.

Ne montez pas trop la crème pour éviter qu'elle ne tourne en beurre lors du mélange.

Shanghaï
WEB
CUISSON
MAINTIEN
AU CHAUD

Riz au curry de Madras

Préparation : 5 minutes
Cuisson : 15 minutes
Appareil nécessaire : cuiseur à riz

Pour : 4 personnes

- 250 g de riz blanc long grain (type Basmati)
- 75 cl d'eau
- 2 ou 3 cuillères à café de curry de Madras
- 7 g (2 pincées) de gros sel gris

Versez le riz dans la cuve du cuiseur à riz. Ajoutez le sel, le curry, l'eau et mélangez. Fermez le couvercle. Mettez l'appareil en mode cuisson et laissez se dérouler le programme. À la fin de la cuisson, le cuiseur passe automatiquement en maintien au chaud. Ouvrez, mélangez et dégustez.

Riz aux algues

Préparation : 5 minutes
Cuisson : 15 minutes
Appareil nécessaire : cuiseur à riz

Pour : 4 personnes

- 250 g de riz blanc long grain (type Basmati)
- 75 cl d'eau
- 20 g d'algues fraîches ou déshydratées (en vente en poissonnerie ou dans les magasins asiatiques)
- 4 g (1 pincée) de gros sel gris

Versez le riz dans la cuve du cuiseur à riz. Ajoutez le sel, les algues hachées, l'eau et mélangez. Fermez le couvercle. Mettez l'appareil en mode cuisson et laissez se dérouler le programme. À la fin de la cuisson, le cuiseur passe automatiquement en maintien au chaud. Ouvrez, mélangez et dégustez.

Selon les goûts de chacun et la qualité du riz employé, on peut doser différemment l'eau (le rapport eau-riz peut varier de 1,5 à 3), on obtiendra un riz plus ou moins cuit et plus ou moins sec. Le maintien au chaud ne dessèche pas le riz mais forme une croûte légèrement croquante au fond de la cuve. On peut ainsi préparer son riz longtemps à l'avance ou le conserver pour les convives en retard !

CUISSON
AU CHAUD

Riz à l'ananas et aux raisins

Préparation : 5 minutes
Cuisson : 15 minutes
Appareil nécessaire : cuiseur à riz

Pour : 4 personnes

- 250 g de riz blanc long grain (type Basmati)
- 75 cl d'eau
- 30 g de raisins blonds secs
- 40 g d'ananas frais ou en boîte au sirop
- 5 g (1 grosse pincée) de gros sel gris

Versez le riz dans la cuve du cuiseur à riz. Ajoutez le sel, les raisins, l'ananas, l'eau et mélangez. Fermez le couvercle. Mettez l'appareil en mode cuisson et laissez se dérouler le programme. À la fin de la cuisson, le cuiseur passe automatiquement en maintien au chaud. Ouvrez, mélangez, rectifiez l'assaisonnement et dégustez.

Selon les goûts de chacun et la qualité du riz employé, on peut doser différemment l'eau (le rapport eau-riz peut varier de 1,5 à 3), on obtiendra un riz plus ou moins cuit et plus ou moins sec. Le maintien au chaud ne dessèche pas le riz mais forme une croûte légèrement croquante au fond de la cuve. On peut ainsi préparer son riz longtemps à l'avance ou le conserver pour les convives en retard !

Spaghettis de légumes à la vapeur

Préparation : 15 minutes
Cuisson : 10 à 15 minutes
Appareil nécessaire : cuiseur vapeur

Pour : 4 personnes

- 2 carottes
- 2 courgettes
- 200 g de haricots verts
- 1/4 de céleri-rave
- 1 botte de cerfeuil
- sel, poivre

Versez 1 litre d'eau dans le réservoir du cuiseur vapeur.
Faites préchauffer.
Épluchez les carottes et le céleri. Lavez les courgettes.
Passez les courgettes, carottes et céleri à la mandoline petite grille dans le sens de la longueur pour former des spaghettis.
Équeutez les haricots verts et coupez-les dans la longueur, en deux ou en quatre selon leur grosseur.
Faites cuire les carottes, le céleri et les haricots verts dans le cuiseur vapeur pendant 8 minutes puis ajoutez les courgettes et faites cuire 3 à 4 minutes de plus. Assaisonnez de sel et de poivre, mettez dans un plat et parsemez de cerfeuil ciselé.

La mandoline est un coupe-légumes muni de deux lames réglables placées dans un cadre.
La cuisson à la vapeur est la plus saine qui soit. Elle permet la préservation des vitamines et sels minéraux et de la saveur naturelle des aliments.

Cook'in
WEB

Pain aux herbes

Préparation : 5 minutes
Déroulement du programme :
3 heures
Appareil nécessaire :
machine à pain

Pour : 1 pain de 500 g environ

- 500 g de farine T 55
- 2 cuillères à café de levure de boulangerie déshydratée prête à l'emploi
- 15 g d'estragon
- 15 g de cerfeuil
- 30 cl d'eau
- 7 g (2 pincées) de sel

Versez l'eau au fond de la cuve avec les herbes hachées. Ajoutez la moitié de la farine, puis le sel. Recouvrez avec la seconde moitié de farine. Versez la levure sur le dessus, en veillant à ce qu'elle n'entre pas en contact avec le sel. Sélectionnez le programme 1 de la machine à pain (pain normal), le poids de 500 g et ajustez le degré de cuisson selon votre goût.
À la fin du programme, démoulez le pain et laissez-le reposer à température ambiante au moins 30 minutes.

WEB

Sauce gribiche

Préparation : 20 minutes

Appareil nécessaire : mini-hachoir ou mixer blender avec bol hachoir

Pour : 4 personnes

- 1 œuf
- 1/2 botte de cerfeuil
- 1/2 botte d'estragon
- 1/2 botte de persil plat
- 3 petits oignons blancs
- 3 cornichons moyens
- 1 douzaine de câpres
- 25 cl d'huile de pépins de raisin
- 5 cl (3 cs) de vinaigre de Xérès
- 1 cuillère à soupe de vinaigre de vin
- sel fin
- poivre du moulin

Faites cuire l'œuf : mettez de l'eau à bouillir avec le vinaigre de vin, plongez-y l'œuf pendant 10 minutes puis sortez-le et débarrassez-le de sa coquille. Lavez et effeuillez le cerfeuil, le persil plat et l'estragon, épluchez les oignons. Coupez en quatre l'œuf, les cornichons et les petits oignons.
Mettez le tout dans le hachoir avec les câpres et les fines herbes. Fermez et mixez par à-coups jusqu'à ce que ce soit haché fin. Versez dans un saladier le vinaigre de Xérès, le sel et le poivre. Fouettez et montez à l'huile. Mélangez avec la préparation hachée. Rectifiez l'assaisonnement.

C'est la sauce idéale pour accompagner une tête de veau.

Ruby

3

Desserts

Pain viennois

Préparation : 5 minutes
Déroulement du programme : 2 h 55
Appareil nécessaire :
machine à pain

Pour : 1 pain de 750 g environ

- 500 g de farine T 55
- 50 g de beurre fondu
- 100 g de lait en poudre
- 20 g de sucre en poudre
- 2 cuillères à café de levure de boulangerie déshydratée prête à l'emploi
- 29 cl d'eau
- 10 g de sel fin

Versez l'eau au fond de la cuve, puis le beurre fondu. Ajoutez le lait en poudre. Versez la moitié de la farine, puis le sel et le sucre. Recouvrez avec la seconde moitié de farine. Versez la levure sur le dessus, en veillant à ce qu'elle n'entre pas en contact avec le sel.
Sélectionnez le programme 5 de la machine à pain (pain brioché), le poids de 750 g et ajustez le degré de cuisson selon votre goût.
À la fin du programme, démoulez le pain et laissez-le reposer à température ambiante au moins 30 minutes.

Ce pain viennois est délicieux au petit déjeuner, accompagné de confiture maison réalisée avec votre machine à pain !

WEB

Carpaccio d'ananas

À l'avance : 1 heure
Préparation : 15 minutes
Appareils nécessaires : trancheuse, presse-agrumes

Pour : 4 personnes

- 1 ananas Victoria
- 50 g de sucre
- 1 citron vert non traité
- 10 cl d'eau

Placez l'ananas au congélateur pendant environ 1 heure afin de le faire durcir avant de le trancher
Préparez un sirop en faisant bouillir l'eau et le sucre.
Râpez la peau du citron, réservez. Pressez le citron et versez le jus dans le sirop. Laissez refroidir.
Coupez les deux extrémités de l'ananas et pelez le reste.
Réglez la trancheuse pour une épaisseur de tranches assez fines et tranchez l'ananas en rondelles.
Disposez-les sur des assiettes puis badigeonnez avec le sirop.
Parsemez de citron râpé.

Vous pouvez accompagner ce carpaccio d'un sorbet ananas.

Sorbets à la framboise

Préparation la veille : 15 minutes
Congélation : 24 heures
Appareils nécessaires : mixeur blender et ses moules à glaces, presse-agrumes

Pour : 4 personnes

- 230 g de framboises fraîches
- 10 cl (6 cs) d'eau
- 30 g de sucre
- 1 cuillère à soupe de jus de citron

Faites bouillir l'eau avec le sucre pendant 5 minutes pour obtenir un sirop. Laissez refroidir.
Mettez les framboises dans le bol blender de votre mixeur avec le sirop froid et le jus de citron. Mixez, versez dans les moules à glace. Refermez soigneusement.
Faites prendre au congélateur pendant 24 heures. Sortez quelques minutes avant de consommer pour faciliter le démoulage.

Commencez le mixage à petite vitesse puis accélérez pour émulsionner.

Esquimaux aux M&M's

Préparation : 15 minutes
Congélation : 24 heures
Appareils nécessaires : mixeur blender avec bol hachoir + ses moules à glaces, presse-agrumes

Pour : 6 personnes

- 180 g de fromage blanc
- 40 g de M&M's
- 1 blanc d'œuf
- 50 g de sucre
- le jus d'1 citron
- 10 cl d'eau

Mettez les M&M's dans le bol hachoir du mixeur, mixez-les rapidement. Réservez.
Dans une casserole mettez l'eau, le sucre et le jus de citron pour obtenir un sirop. Faites frémir, arrêtez le feu et laissez refroidir.
Versez le blanc d'œuf dans le bol hachoir et émulsionnez jusqu'à ce qu'il devienne un peu blanc (mais surtout pas qu'il monte en neige).
Passez le blanc d'œuf, le sirop, le fromage blanc et les M&M's dans le bol blender de votre mixeur et faites tourner à vitesse rapide jusqu'à l'obtention d'un mélange homogène. Mettez dans les moules puis au congélateur.

Commencez le mixage à petite vitesse puis accélérez pour émulsionner.

WEB
O/P
Ruby

Soupe de fraises à la menthe

Préparation : 10 minutes
Appareil nécessaire : mixeur blender

Pour : 4 personnes

- 600 g de fraises bien mûres
- 90 g de cassonade
- 2 yaourts nature
- 100 g de glaçons
- 12 feuilles de menthe fraîche

Remplissez un saladier d'eau froide. Jetez-y les fraises avec leur queue pour les rincer. Égouttez-les dans une passoire puis équeutez-les en coupant circulairement la queue.
Placez les fraises, la cassonade, les yaourts, les glaçons et 8 feuilles de menthe (réservez-en 4 pour la décoration) dans le bol blender de votre mixeur. Mixez jusqu'à l'obtention d'un velouté crémeux. Versez dans des verres à cocktail et mettez une feuille de menthe par verre pour décorer.

Il est important de rincer les fraises avec leur queue afin qu'elles conservent toute leur saveur.

Beignets d'acacia

Préparation : 20 minutes
Repos : 1 à 2 heures
Cuisson : quelques secondes par beignet
Appareils nécessaires : robot avec fouet, friteuse
Pour : 4 personnes

- 20 grappes de fleurs d'acacia
- 250 g de farine
- 100 g de sucre semoule
- 3 œufs
- 30 cl de lait
- 20 cl de bière blonde
- 2 l d'huile de pépins de raisin (pour la friture) + 1 cuillère à café
- 1 pincée de sel fin

Dans la cuve de votre robot mélangez au fouet la farine, les œufs, le lait, le sel, l'huile et la bière jusqu'à l'obtention d'une pâte sans grumeaux et bien fluide. Laissez reposer 1 à 2 heures à température ambiante.
Versez l'huile dans la cuve de la friteuse. Faites chauffer à 175 °C. Préparez une assiette garnie d'un papier absorbant, et le sucre semoule à portée de main. Dès que l'huile est chaude, prenez une fleur d'acacia par la tige et trempez-la entièrement dans la pâte, puis rapidement (attention, la pâte va s'écouler) plongez le tout dans la friteuse. La cuisson est très rapide. Quelques secondes après que le beignet est remonté à la surface, retournez-le avec une spatule en bois, attendez encore quelques secondes et retirez-le de la friteuse. Dans l'assiette, saupoudrez le beignet de sucre.

Meringues

Préparation : 15 minutes
Cuisson : 1 h 30 à 3 heures
Appareils nécessaires : robot avec fouet, presse-agrumes

Pour : 4 personnes

- 3 blancs d'œufs
- 105 g de sucre en poudre
- 1 cuillère à soupe de jus de citron
- 1 pincée de sel

Dans la cuve de votre robot, mettez les blancs d'œufs, le sucre, le sel et le jus de citron. Battez à grande vitesse jusqu'à obtenir une crème très lisse et brillante qui tient aux branches du fouet.
Sur une plaque recouverte d'un papier sulfurisé, disposez, en les espaçant, des noix de crème à l'aide d'une poche à douille ou, à défaut, d'une cuillère à café.
Faites cuire – dessécher – à four extrêmement doux 90 °C (th. 3) pendant 1 h 30 à 3 heures selon la grosseur des meringues, jusqu'à ce qu'elles soient légèrement dorées et sèches.

Sablés bretons

Préparation : 10 minutes
Repos : 2 heures
Cuisson : 9 à 10 minutes
Appareil nécessaire : robot avec feuille (batteur plat) + fouet

Pour : 12 sablés environ

- 115 g de farine
- 100 g de beurre salé à température ambiante
- 80 g de sucre
- 3 jaunes d'œufs
- 7 g (2/3 d'1 sachet) de levure chimique

Mettez le beurre dans la cuve du robot. Avec la feuille, battez-le à vitesse moyenne pour qu'il prenne une consistance de pommade. Retirez-le de la cuve et réservez-le dans une assiette.
Versez les œufs et le sucre dans la cuve du batteur. Faites blanchir à grande vitesse avec le fouet. Replacez la feuille à la place du fouet. Incorporez le beurre en pommade à petite vitesse. Tamisez la farine avec la levure et mélangez. Ajoutez dans la cuve et mélangez à nouveau à petite vitesse.
Mettez la pâte sur une feuille de film alimentaire. Roulez pour former un cylindre de 3 cm de diamètre. Mettez au réfrigérateur pendant 2 heures.
Préchauffez le four à 180 °C (th. 6).
Enlevez le film alimentaire et coupez des tronçons de 1 cm de large. Mettez-les sur une plaque recouverte d'un papier sulfurisé. Faites cuire 9 à 10 minutes jusqu'à ce que les sablés deviennent brun clair.

Pour un résultat satisfaisant en pâtisserie, il faut toujours bien mélanger la farine et la levure avant de les incorporer aux autres ingrédients.

Œufs à la neige aux pralines roses

À l'avance : 12 heures
Préparation : 10 minutes
Cuisson : 10 minutes
Appareils nécessaires : robot avec fouet, mini-hachoir ou mixeur blender avec bol hachoir, cuiseur vapeur

Pour : 4 à 6 personnes

- 3 œufs
- 30 g de pralines roses
- 35 g de sucre glace
- 60 g de sucre semoule
- 25 cl de lait
- 1 sachet de sucre vanillé
- 1 pincée de sel

Variante : vous pouvez aussi faire cuire les œufs à la neige au micro-ondes *(photo ci-contre)*. Pour cela, moulez la préparation dans des ramequins, placez-les au micro-ondes et mettez à cuire à la puissance maximale : le mélange va monter en quelques secondes, dès qu'il est sur le point de déborder ouvrez la porte du four. Remettez tout de suite à cuire quelques secondes supplémentaires, toujours en surveillant, la préparation va se fendre sur le dessus. Après la cuisson, démoulez sur un torchon propre.

La veille, préparez la crème anglaise. Faites chauffer le lait dans une casserole, stoppez juste avant l'ébullition. Versez les trois jaunes d'œufs (réservez les blancs) et le sucre semoule dans la cuve de votre robot. Fouettez jusqu'à ce que le mélange blanchisse. Versez le lait chaud dessus. Mélangez doucement. Remettez dans la casserole et faites cuire à feu très doux, en mélangeant sans arrêt avec une spatule en bois, sans jamais laisser bouillir. Faites cuire à la nappe : trempez la spatule dans la crème, si vous pouvez tracer un sillon avec le doigt et que la préparation ne recouvre pas immédiatement le sillon, alors la crème est prête. Laissez refroidir et placez au réfrigérateur.
Le lendemain, concassez les pralines dans le hachoir. Versez les blancs d'œufs dans la cuve de votre robot. Ajoutez le sel et un 1/3 du sucre glace. Montez les blancs en neige avec le fouet à vitesse moyenne. Lorsqu'ils sont très fermes, incorporez le reste du sucre glace et le sucre vanillé. Ajoutez les éclats de pralines et fouettez quelques secondes à grande vitesse.
Faites préchauffer votre cuiseur vapeur. À l'aide d'une grande cuillère, déposez directement dans le panier du cuiseur vapeur 1 ou 2 grosses cuillères de la préparation, en formant une quenelle. Formez ainsi plusieurs quenelles, assez espacées. Mettez dans le cuiseur bien chaud pendant 30 secondes puis ouvrez le couvercle et faites rouler délicatement les quenelles pour les retourner. Laissez cuire à nouveau 30 secondes puis sortez-les et laissez refroidir quelques minutes sur un torchon propre. Servez les œufs à la neige entourés de crème anglaise.

Pour récupérer une crème anglaise qui a tourné, c'est-à-dire légèrement trop cuit, versez-la encore chaude dans une bouteille en verre et secouez énergiquement.

Soufflés au café

Préparation : 20 minutes
Cuisson : 15 à 20 minutes
Appareil nécessaire :
robot avec fouet

Pour : 4 personnes

- 40 g de farine
- 4 œufs
- 100 g de sucre semoule
- 20 g de sucre pour les blancs d'œufs
- sucre glace pour la décoration
- 25 cl de lait
- 2 cuillères à café d'essence de café
- beurre et sucre semoule pour les ramequins
- 1 pincée de sel

Préchauffez le four à 180 °C (th. 6).
Beurrez et sucrez 4 ramequins à soufflé. Séparez les jaunes d'œufs des blancs et réservez ces derniers. Dans la cuve du robot mettez les jaunes d'œufs et le sucre, fouettez jusqu'à ce que le mélange blanchisse. Incorporez la farine.
Mettez le lait dans une casserole et portez-le à ébullition. Ajoutez le lait bouillant au mélange précédent dans la cuve du robot, ajoutez l'essence de café, mélangez et versez le tout dans la casserole. Faites cuire à feu doux 3 minutes sans cesser de fouetter, le mélange doit devenir très épais. Réservez cette crème dans un saladier.
Dans la cuve du robot mettez les blancs d'œufs, montez-les en neige avec 1 pincée de sel et serrez-les avec le sucre : versez la moitié du sucre, battez jusqu'à ce que le mélange devienne lisse, puis versez la seconde moitié du sucre et battez encore.
Fouettez la crème encore tiède pour la détendre et la lisser. Incorporez-y les blancs d'œufs délicatement en soulevant la préparation avec une spatule. Garnissez les ramequins et lissez-les avec le pouce. Essuyez le tour des moules.
Enfournez pendant 20 minutes environ. Prenez soin de ne pas ouvrir le four pendant la cuisson. Une fois cuits, sortez les soufflés du four, saupoudrez-les de sucre glace. Servez rapidement.

La difficulté est de coordonner la fin du repas avec la sortie des soufflés du four pour les servir immédiatement !

Génoise au chocolat

Préparation : 20 minutes
Cuisson : 20 à 25 minutes
Appareil nécessaire : robot avec fouet

Pour : 6 personnes

- 100 g de farine
- 120 g de sucre
- 4 œufs
- 60 g de cacao

Beurrez et farinez un moule à manqué. Préchauffez le four à 180 °C (th. 6). Préparez un bain-marie avec une grande casserole d'eau frémissante. Cassez les œufs dans la cuve du robot, ajoutez le sucre. Posez la cuve dans le bain-marie chaud, battez le mélange 5 à 6 minutes avec un fouet à main (attention la préparation ne doit pas dépasser 40 °C, on doit pouvoir passer la main dans le bain-marie sans se brûler).
Lorsque le mélange se transforme en crème, replacez la cuve sur le robot puis montez-la 6 à 7 minutes à vitesse maximum. Le mélange doit tripler de volume.
Tamisez la farine avec le cacao. Sortez la cuve du robot. Incorporez peu à peu et délicatement le mélange farine-cacao, mélangez avec une spatule de bas en haut et tout en tournant la cuve. Versez dans le moule à manqué et faites cuire au four pendant 20 minutes environ. La génoise doit rester souple au toucher. Démoulez sur une grille et retournez tout de suite sur une autre grille pour ne pas que s'arrache la croûte supérieure très fine.

Pour vérifier la cuisson, appuyez légèrement avec le doigt sur la génoise, lorsqu'elle est bien cuite elle doit reprendre instantanément sa forme initiale.

Forêt noire

Préparation : 15 minutes
Appareil nécessaire : robot avec fouet

Pour : 6 personnes

- 1 génoise au chocolat (voir recette page 110)
- 400 g de griottes au sirop
- 300 g de crème fleurette
- 3 ou 4 carrés de chocolat
- 5 cl (3 cs) de kirsch

Versez la crème fleurette dans la cuve du robot puis placez-la au réfrigérateur pendant au moins 30 minutes. Lorsque l'ensemble est bien refroidi, montez la crème fleurette en chantilly en fouettant à vitesse rapide. Arrêtez de battre dès que vous commencez à voir les traces du fouet à la surface de la crème.

Réservez une douzaine de griottes pour la décoration.

Coupez la génoise au chocolat en trois dans le sens de l'épaisseur de façon à obtenir trois disques.

Imbibez les disques avec le sirop des griottes et le kirsch mélangés. Recouvrez un disque avec un peu de crème. Disposez dessus la moitié des griottes, recouvrez avec un peu de crème puis posez le second disque de génoise. Répétez l'opération. Terminez avec le dernier disque de génoise puis recouvrez-le de crème, en réservant un peu de crème pour la décoration.

À l'aide d'une poche à douille, faites une décoration avec la crème restant. Décorez de griottes, grattez les carrés de chocolat en copeaux et dispersez-les sur le gâteau.

Gaufres à la marmelade de fruits rouges

Préparation : 10 minutes
Repos : 30 minutes
Cuisson : 10 minutes
Appareils nécessaires : robot avec fouet, gaufrier avec plaque à gaufres

Pour : 6 gaufres

- **Gaufres :**
- 250 g de farine
- 4 œufs
- 80 g de sucre
- 75 g de beurre
- 1 gousse de vanille
- 1 sachet de levure chimique
- 15 cl de lait
- 15 cl d'eau
- 1 cuillère à soupe d'huile
- 1 cuillère à café de sel

- **Marmelade :**
- 50 g de fraises
- 50 g de cerises
- 50 g de framboises
- 50 g de groseilles
- 30 g de cassonade
- 15 g de beurre

Préparez la marmelade. Rincez les fraises et les cerises. Équeutez-les et coupez-les en quatre (en dénoyautant les cerises). Faites chauffer les 15 g de beurre dans une casserole, ajoutez tous les fruits et faites-les revenir. Ajoutez la cassonade et un peu d'eau. Faites cuire 2 minutes à feu moyen. Égouttez les fruits et faites réduire le jus pour qu'il prenne une consistance épaisse. Réservez. Mélangez la farine, la levure et le sel dans la cuve de votre robot. Cassez-y les œufs. Ajoutez le beurre fondu, le lait et l'eau. Fouettez jusqu'à l'obtention d'un mélange homogène. Ouvrez la gousse de vanille en deux dans le sens de la longueur et ajoutez ses grains, le sucre et l'huile dans la cuve. Fouettez à nouveau. La pâte doit être liquide et fluide. Dans le cas contraire, ajoutez de l'eau. Laissez reposer au moins 30 minutes. Huilez les plaques et faites préchauffer votre gaufrier pendant 5 à 10 minutes. Versez la pâte dans les moules du gaufrier à l'aide d'une louche. Faites cuire 4 minutes environ en retournant le gaufrier à mi-cuisson. Démoulez et réservez au chaud. Nappez les gaufres de marmelade.

Avant de retourner le gaufrier, ouvrez la trappe qui sert de pied sur la face supérieure. Une fois cuites, ces gaufres sont également délicieuses réchauffées au grille-pain.

Churros

Préparation : 20 minutes
Cuisson : 3 à 4 minutes
Appareils nécessaires : robot avec feuille (batteur plat), hachoir à viande avec accessoire à gâteaux grande étoile, friteuse

Pour : 4 personnes

- 300 g de farine + 100 g pour travailler la pâte
- 45 g de sucre semoule
- 100 g de sucre glace pour enrober les churros
- 9 g (3/4 d'1 sachet) de levure chimique
- 2 l d'huile de pépins de raisin (pour le bain de friture)
- 3 cl (2 cs) d'huile de pépins de raisin
- 3 cl (2 cs) de lait
- 2 pincées de sel

Dans la cuve du robot équipé de la feuille, mélangez les 3 cl d'huile, le lait, le sel et le sucre. Ajoutez la farine préalablement mélangée avec la levure chimique. Faites tourner jusqu'à l'obtention d'une pâte collante. Disposez la pâte sur le plan de travail fariné. Roulez-la dans la farine jusqu'à pouvoir la tenir dans la main sans qu'elle colle. Coupez des morceaux de 20 à 30 g de pâte et roulez-les individuellement dans la farine.
Passez chaque morceau dans le hachoir à petite vitesse (3 ou 4), en disposant un plateau recouvert de sucre glace sous l'orifice de sortie. Faites glisser la pâte moulée sur le sucre glace et coupez au fur et à mesure, à la longueur voulue, à l'aide d'une paire de ciseaux. Enrobez les churros de sucre glace pour éviter qu'ils ne se collent entre eux. Travaillez par petites quantités pour la confection des churros. Disposez-les sur une grille pour enlever le surplus de sucre glace.
Faites chauffer l'huile à 120 °C. Plongez les churros un par un dans le bain de friture pendant 3 à 4 minutes, jusqu'à l'obtention d'une belle coloration brun clair. Égouttez-les sur un papier absorbant puis saupoudrez-les de sucre glace et servez sans attendre.

Utilisez toujours la friteuse en respectant le niveau d'huile préconisé. Faites très attention aux éventuelles projections d'huile et ne salez jamais un aliment au-dessus de la friteuse. Vous pouvez conserver l'huile dans la friteuse même, couvercle bien remis en place, sauf si celle-ci n'est pas souvent utilisée auquel cas il vaut mieux la nettoyer. Changer l'huile régulièrement prolongera la durée de vie de votre appareil ; ne mélangez jamais une huile nouvelle à l'ancienne.

Pets-de-nonne

Préparation : 20 minutes
Cuisson : 10 minutes
Appareils nécessaires : robot avec feuille (batteur plat), friteuse

Pour : 4 personnes

- 150 g de farine
- 150 g de sucre
- 80 g de beurre
- 4 œufs
- sucre glace pour la décoration
- 2 l d'huile de pépins de raisin (pour le bain de friture)
- 1/4 l d'eau
- 1 pincée de sel

Dans une casserole versez l'eau, le beurre coupé en cubes, le sucre en poudre et le sel puis portez à ébullition. Hors du feu, incorporez la farine avec une spatule. Faites dessécher 2 à 3 minutes à feu doux jusqu'à ce que la pâte se détache un peu des parois de la casserole. Versez la pâte dans la cuve du robot, incorporez les œufs 2 par 2 et battez brièvement à vitesse lente avec la feuille.
Versez l'huile de friture dans la cuve de la friteuse. Faites chauffer à 170 °C. Lorsque l'huile est chaude, faites-y glisser des petites noix de pâte à l'aide de deux cuillères à café. Laissez cuire chaque pet-de-nonne 5 à 6 minutes en les retournant si besoin à mi-cuisson. En principe ils se retournent seuls en cuisant.
Sortez les pets-de-nonne à l'aide d'une écumoire et laissez-les s'égoutter sur du papier absorbant. Servez ces petites pâtisseries chaudes en les saupoudrant de sucre glace.

Utilisez toujours la friteuse en respectant le niveau d'huile préconisé. Faites très attention aux éventuelles projections d'huile et ne salez jamais un aliment au-dessus de la friteuse. Vous pouvez conserver l'huile dans la friteuse même, couvercle bien remis en place, sauf si celle-ci n'est pas souvent utilisée auquel cas il vaut mieux la nettoyer. Changer l'huile régulièrement prolongera la durée de vie de votre appareil ; ne mélangez jamais une huile nouvelle à l'ancienne.

Choux à la crème Chantilly vanillée

Préparation : 35 minutes
Cuisson : 20 à 23 minutes
Appareil nécessaire : robot avec feuille (batteur plat) + fouet

Pour : 30 choux environ

Choux :
- 150 g de farine
- 100 g de beurre
- 4 œufs + 1 jaune d'œuf
- 20 g de sucre semoule
- sucre glace pour la décoration
- 25 cl de lait demi-écrémé
- 2 g (1 petite pincée) de sel

Chantilly :
- 30 cl de crème fleurette
- 60 g de sucre glace
- 2 gousses de vanille

Préparez les petits choux. Préchauffez le four à 180 °C (th. 6). Versez dans une casserole le lait, le beurre coupé en cubes, les 20 g de sucre et le sel, portez à ébullition. Hors du feu, incorporez la farine avec une spatule. Faites dessécher 2 à 3 minutes à feu doux, jusqu'à ce que la pâte se décolle un peu des parois de la casserole. Mettez la pâte dans la cuve du robot avec la feuille. Incorporez les œufs 2 par 2 en battant très légèrement à petite vitesse.
Prenez une poche à douille avec une grosse douille ronde unie. Garnissez-la de pâte puis entourez autour de votre index. Pressez et formez des petits tas de pâte ronds de 4 cm de diamètre sur une plaque couverte d'un papier sulfurisé.
Si vous ne possédez pas de douille, utilisez une cuillère à soupe pour façonner les petits tas de pâte. Disposez-les en quinconce. Mélangez le jaune d'œuf et un peu d'eau, dorez les choux et faites-les cuire 20 à 23 minutes à 180 °C (th. 6). Prenez soin de ne pas ouvrir le four pendant la cuisson. Réservez les choux sur une grille, hors du four.
Préparez la crème Chantilly. Versez la crème fleurette dans la cuve de votre robot. Fendez en deux les gousses de vanille dans le sens de la longueur et retirez les grains à l'aide d'un couteau pour les ajouter à la crème fleurette. Placez la cuve au réfrigérateur pendant 30 minutes au moins. Une fois la cuve et les ingrédients bien refroidis, replacez la cuve sur le robot et faites monter la crème avec le fouet. Serrez avec le sucre glace : versez la moitié du sucre glace, battez puis versez la seconde moitié et battez jusqu'à ce que les traces du fouet deviennent visibles à la surface de la crème. Mettez la crème dans une poche à douille cannelée gros modèle. Coupez les choux bien refroidis en deux au tiers de leur hauteur. Garnissez-les avec la crème, replacez les chapeaux et saupoudrez de sucre glace.

Risotto sucré

À l'avance : 1/2 journée
Préparation : 5 minutes
Cuisson : 23 minutes
Repos : 2 heures
Appareils nécessaires : robot avec fouet, cuiseur à riz

Pour : 4 personnes

- 300 g de riz à risotto
- 140 g de sucre semoule
- 400 g de crème fleurette
- 1 l de lait entier
- 1 gousse de vanille
- 30 cl d'eau

Une demi-journée avant, faites crever le riz : versez-le dans la cuve du cuiseur à riz avec de l'eau à hauteur, fermez et laissez cuire pendant 5 minutes, stoppez la cuisson, égouttez et rincez à l'eau froide. Remettez le riz dans la cuve avec le sucre et le lait. Fendez la gousse de vanille en deux, prélevez les grains à l'aide d'un couteau et ajoutez-les au riz. Mélangez, fermez le couvercle et mettez en mode cuisson pendant 18 minutes. Après la cuisson, versez le risotto dans un saladier, recouvrez de film alimentaire, laissez refroidir puis réservez 2 heures au réfrigérateur. Placez également la cuve de votre robot au frais. Au moment de servir, montez aux 3/4 la crème fleurette au fouet, dans la cuve du robot bien refroidie. Sortez le risotto et mélangez-le pour l'égrener, puis incorporez la crème fouettée.

Servez frais, nature ou avec une marmelade de fruits de saison.

WEB
CUISSON
MAINTIEN
AU CHAUD

Index des recettes

Remerciements

L'éditeur tient à remercier pour sa participation la société White & Brown qui a collaboré à la création de cet ouvrage, a mis à disposition les appareils électroménagers ayant servi à la réalisation des recettes et a prodigué ses conseils pour la meilleure utilisation des divers ustensiles.

L'éditeur tient également à remercier Marie-Christine Eudeline pour sa participation à la réalisation des recettes de cet ouvrage.

Les couteaux qui figurent sur les images des pages 19, 21, 33, 45 et 89 sont fabriqués par :
Franck Souville
Aux forges d'antan
06 30 68 04 78

Amanda!!..

Feliz año 2022
y por muchos encuentros
mas!!..

Merci pour le Soleil
de ton amitié.
Mariana et Olivia.

ISBN : 9782081363151
N° d'édition : L.01EBUN000559.A008
Dépôt légal : mai 2015

Traduction : Jean Torrent
Corrections : Colette Malandain
Maquette : Pauline Schimmelpenninck Büro für Gestaltung, Berlin
Kuni Taguchi
Mise en pages : Agnès Rousseaux pour la présente édition
Gravure : Inteca Media Service GmbH, Rosenheim

Cet ouvrage a été achevé d'imprimer en février 2021
sur les presses de Printer Portuguesa, Portugal.

Laure Adler & Stefan Bollmann

Les femmes qui lisent sont dangereuses

Flammarion

Sommaire

Laure Adler
Femmes et livres, histoire d'une affinité secrète.

« Le métier d'écrire est une violente et presque indestructible passion. »
George Sand

Sextuelle

D'abord il y a ses mains repliées sur elles-mêmes portant l'objet comme s'il était sacré[1]. On sent le corps tout entier concentré, les muscles mais aussi l'intérieur, ce qu'il y a derrière la surface de la peau, ce qui se passe à l'intérieur de nous, ce qui ne concerne que nous, ce qui ne peut pas, ne veut pas forcément se dire.

Nous les femmes et eux les livres.

Car les livres ne sont pas des objets comme les autres pour les femmes; depuis l'aube du christianisme jusqu'à aujourd'hui, entre nous et eux, circule un courant chaud, une affinité secrète, une relation étrange et singulière tissée d'interdits, d'appropriations, de réincorporations.

Car un texte, signé ou pas, constitue pour les femmes un puits de secrets, un vertige, une possibilité de voir le monde autrement, voire de le vivre autrement, peut donner l'élan de tout quitter, de s'envoler vers d'autres horizons en ayant conquis, par la lecture, les armes de la liberté.

Ce n'est sans doute pas un hasard qu'aux femmes le livre – le livre des livres – fut d'abord interdit. Il fut dans les mains du Christ, puis de tous les hommes qui l'accompagnent, puis de tous ceux qui fondent l'Église – innombrable cohorte des hommes qui, dans les tableaux flamands ou italiens, portent le livre-tabernacle, incarnation du miracle de la continuité du croire.

Du sacré donc point de femmes. Seuls les hommes ont le droit d'y toucher. Mais les peintres vont aussi se mettre à représenter ce que l'Église enseigne et qui par essence ne se voit pas. Pour orner les églises, pour répondre aux commandes des princes, des ecclésiastiques, pour nous faire croire que l'invisible existe et que ce qu'enseigne la doctrine de l'Église existe – la preuve, ils peuvent le peindre.

Et c'est là que la femme surgit, qu'elle obtient l'autorisation d'exister dans le cadre. La femme s'appelle bien sûr Marie, et lorsque l'ange vient lui annoncer la bonne nouvelle, Marie est en train de lire, Marie est dérangée, Marie est effrayée, Marie se rétracte, se replie mais pour autant ne perd pas ses esprits, car elle couvre de sa main ce livre qu'elle est en train de lire tout en introduisant son pouce à la page où elle a été interrompue[2]. C'est dire que le livre l'emportait ailleurs, dans un ailleurs dont elle ne veut pas perdre le fil, même si ce que lui dit l'Ange crée le séisme: «Je te salue, tu es pleine de grâce, le Seigneur est avec toi, tu es bénie entre toutes les femmes. Sois sans crainte, Marie, car tu as trouvé grâce aux yeux de Dieu.»

Le livre que tient Marie est un livre d'heures, un livre rouge, un livre personnel, un livre qu'elle lit en silence et avec qui elle fait corps. L'ange la dérange, c'est une évidence. Avec le livre donc, objet protecteur, miroir d'elle-même, possibilité de retournement contre l'irruption du messager de la parole divine.

Marie et le livre. Marie et son livre. Il n'y a pas que dans les Annonciations que Marie vit avec un livre. Il y a aussi au paradis. Un siècle plus tard, un tableau d'un maître de Haute Rhénanie intitulé *Le Jardin du Paradis* représente une jeune femme à la longue chevelure dorée ornée d'un diadème assise au milieu de longues fleurs bleues, jaunes et blanches, à la fin d'un repas; alors qu'un moine cueille des fruits à côté d'elle et que devant elle une jeune femme joue avec le bébé Christ, Marie, elle, n'entend manifestement rien, ne voit rien, absorbée qu'elle est entièrement dans ce livre qu'elle lit, la tête penchée, toute dévolue à sa tâche, à ce qui se passe entre elle et le livre, entre elle et elle-même, à ce point qu'elle en oublie l'Enfant. Là aussi le livre est rouge, le livre est grand, c'est aussi un livre d'heures, un livre à elle.

Livre captateur ? Livre dévorateur ? Livre qui fait oublier aux femmes – même à Marie – qu'elles sont d'abord et avant tout des mères ? Femme et livre. Raptus. Emportement dans le monde de l'imaginaire. Oubli des autres. Coïncidence avec soi.

Livres et femmes. Transmutation. Incorporation de l'imaginaire. Évasion. Éclosion. Émancipation.

La Vierge lit donc. Et ce n'est pas une mince affaire de constater que les peintres vont continuer à lui attribuer comme qualité particulière celle de lire. La Vierge lit en effet dans ce tableau de Rembrandt que l'on peut admirer au Rijksmuseum d'Amsterdam et qui porte pour titre *La Sainte Famille au soir*. Au fond d'une pièce qui ne semble pas être une chambre mais où Joseph, Marie et Jésus sont contraints non d'habiter mais de se replier, au milieu du désordre, dans cet espace hostile, non fermé, une seule chose se passe, fait sens et structure la toile : la Vierge lit. Nous la voyons lire, penchée vers le livre, comme le buvant. À sa droite, posée par terre, une bougie illumine le livre, emprisonnant Marie dans un halo mordoré. Joseph dort, l'enfant aussi. Livre flamme. Livre source de vie. Livre lueur dans la nuit. Livre pour percer les ténèbres. Livre pour suspendre le temps.

Il n'y a encore que la Vierge Marie, les saintes et particulièrement sainte Marguerite et sainte Marie Madeleine qui possèdent le droit de lire pour exorciser les démons, terrasser les dragons, ne pas cueillir les fruits défendus.

Car, attention, il y a plus dangereux que les princes charmants dans le pays imaginaire des chimères, il y a les livres charmeurs, les livres enchanteurs, les livres ensorceleurs. Le mot latin de *pagine*, fait remarquer Pascal Quignard[3], dit la demeure la plus vaste où l'âme puisse se mouvoir, voyager, composer, revenir. C'est le *pagus*, le pays. Il dit aussi que ce pays, c'est une arrière-chambre située à l'intérieur du crâne, à l'arrière des yeux. Cette chambre est-elle sexuée ? Elle est en tout cas reliée à l'immémoriel, à la féminitude.

La lecture devient mode d'élévation et de contemplation dès lors que la femme pourra s'approprier la possibilité même de son intimité. La femme devient lectrice et plus seulement liseuse d'œuvres pieuses. La lectrice est désormais seule, sans le vacarme des autres, ni les regards portés sur elle pour savoir ce qu'elle lit et comment elle lit. Elle va pouvoir – comme le dit admirablement Stefan Bollmann – lire en silence et conclure enfin avec le livre une alliance : livre comme conquête de la liberté, livre comme apprentissage de la liberté.

Livre et femme. Sexe et texte. Imaginaire et réel. Noces secrètes porteuses d'orages violents, de désir d'un monde à soi, d'un monde en soi, pour soi. Et donc loin des hommes.

Seule exception : les anges. Les blondinets joufflus aux cheveux dorés et aux formes arrondies de Rosso Fiorentino ont le droit de participer à cette pratique solitaire – en marge certes : ce sont des détails du tableau. N'empêche. Ils sont, je le crois, des émissaires protecteurs et sensuels de nos lectrices qui conquièrent, petit à petit, droit de cité dans le domaine du savoir et dans l'exercice de la pensée.

Écrire, c'est produire le texte. Lire, c'est le recevoir d'autrui sans y marquer sa place, sans le refaire. Michel de Certeau, dans *L'Invention du quotidien*, décrit de manière minutieuse comment le livre lui-même n'est pas que le livre, il n'y a jamais un seul livre, il y a tous les livres lus et le livre n'est en fait que la construction de la personne qui le lit. Michel de Certeau nomme cela *lectio* – l'opération faite sur le livre, cette production propre qu'entreprend toute personne qui s'empare d'un texte. La *lectio* dévoile le texte, l'interprète, peut bousculer ou détourner les intentions de l'auteur. La *lectio* crée de l'« in-su », dit Certeau, du désordre, du combinatoire, de l'ouverture en une pluralité de significations.

Il y a, je crois, une manière particulière de lectrice. Sans tomber dans la caricature de la description de pratiques différentes parce qu'originairement sexuées, il me semble qu'il y a une manière particulière des femmes d'aimer les livres, de pratiquer l'art de la lecture, d'avoir besoin des livres comme d'une sève nourricière et même de considérer à certains moments de leur existence que vivre c'est lire.

C'est bien pour cela que les femmes qui lisent sont dangereuses. D'ailleurs, les hommes ne vont pas s'y tromper, qui vont empêcher, encercler, encager les femmes pour qu'elles lisent le moins possible et qu'elles ne lisent que ce qu'ils leur enjoignent de lire.

Et d'abord, encore et encore la Bible. La Bible pour les filles, le seul texte autorisé dans tous les sens du terme et utilisé à toutes fins possibles. On apprend à lire dans la Bible et on apprend dans la Bible les préceptes moraux pour savoir vivre.

Mais les femmes n'entendent pas continuer à célébrer les beautés des manifestations sensibles du divin ni même incarner l'exaltation de cette essence divine.

On le voit dans la production : dans les catalogues de foires, par exemple, celle de Leipzig en particulier, le nombre d'ouvrages religieux ne cesse de décroître. En 1770, les ouvrages religieux constituent 25 % de l'ensemble des parutions ; en 1880, 13,5 %. Les livres dit de « belle littérature », en revanche, suivent le chemin inverse : de 16,5 % en 1770, ils grimpent à 21,5 % en 1800. C'est ce qu'un homme d'affaires avisé a appelé la « grande révolution des libraires ».

C'est aussi et surtout la grande révolution des femmes lectrices. Le mouvement s'opère simultanément en Allemagne, en Grande-Bretagne et en France. Les femmes dédaignent la Bible pour l'Encyclopédie, se passionnent pour les romans de Richardson et éprouvent une curiosité de plus en plus dévorante pour tout ce qui a trait à l'actualité : la politique, l'événementiel, l'innovation, le scientifique. Cette véritable révolution culturelle s'accompagne d'une lecture des journaux et d'une attirance de plus en plus forte pour ce qu'on nomme alors les « romans du temps présent ». Les femmes lisent pour comprendre, pour s'éveiller aux problèmes du monde, pour prendre conscience de leur sort, par-delà les barrières géographiques et générationnelles. Les femmes se mettent à écrire pour des femmes et se régalent de se lire entre femmes. Ainsi en témoigne la mère de Goethe, alors âgée de soixante-quinze ans, qui écrit à sa belle-fille pour la remercier de lui avoir envoyé « plusieurs romans féminins » : « Vous ne pouvez faire œuvre meilleure et plus méritoire envers moi qui vous aime, que d'avoir la bonté de m'en faire profiter dans ma pauvreté d'esprit quand vous recevez des choses aussi plaisantes. »

La lecture entre femmes, écrite par des femmes pour des femmes, tisse, en effet, un lien de solidarité qui inquiète bien des hommes – hommes de loi, hommes d'hygiène, hommes de mœurs, hommes d'Église. Tous à leur manière, ils vont s'alarmer des femmes qui lisent, avant de les marginaliser, de les désigner comme différentes, atteintes de névroses diverses, affaiblies, exténuées par un excès de désirs artificiels, propres à succomber, proies rêvées d'un monde décadent et déliquescent, mais si vénéneux et si puissant érotiquement qu'il pourrait entraîner un brouillage d'identité sexuelle, une dévalorisation des codes moraux, une déstabilisation de la place assignée à chacun dans un monde où le propriétaire est le père, le bourgeois, l'époux ; et la femme ne peut qu'être épouse et non transpercée de désir, entachée de sexualité, même si – et justement pour cette raison – elle a fait l'amour dans la conjugalité la moins débridée.

Le livre favorise la sociabilité et les échanges entre femmes. Dans les cercles et les salons, sous prétexte de lire, on refait le monde. Commence alors à s'installer la litanie masculine, qui deviendra obsédante et récurrente tout au long du XIXe siècle, de la « femme qui lit trop ».

La femme qui lit, d'ailleurs, lit toujours trop. Elle est dans l'excès, dans la transe, dans le dehors de soi. Il faut donc s'en méfier, comme le fait cet homme compatissant : « Je ne fais pas reproche qu'une femme cherche à affirmer sa façon d'écrire et l'art de sa conversation par des études appropriées et une lecture choisie avec décence et qu'elle tente de ne pas rester tout à fait sans connaissances scientifiques ; mais elle ne doit pas faire de la littérature un métier, elle ne doit pas s'aventurer dans les domaines de l'érudition[4]. »

D'autant que les jeunes filles aussi s'y mettent et que la lecture leur fait palpiter le cœur, excite leur sensibilité, les fait frémir d'effroi, bref les rend captives, comme en témoigne le tableau de Franz Eybl intitulé sobrement *Jeune Fille lisant*[5], daté de 1850. Sa tenue est légère, son épaule dénudée, le texte est tout près de ses lèvres. On a même l'impression qu'elle tremble de lire ce qu'elle lit ! Elle n'en revient pas.

Effectivement, messieurs les connaisseurs des mouvements intérieurs de l'âme et de la psyché, lire donne aux femmes des idées ! Sacrilège. Comment obturer le flux de jouissance que procure alors, chez les femmes, la lecture ?

Certains, comme Monseigneur Dupanloup et Parent-Duchâtelet, n'y vont pas par quatre chemins. Il faut hygiéniser, mettre de l'ordre, canaliser, nettoyer. Le premier est évêque d'Orléans et supplie ses lectrices de revenir à la lecture-piété : mesdemoiselles et mesdames, relisez Pascal, Bossuet, Racine, Corneille, quelques poètes chevaliers ; lire peu mais lire bien ; lire, relire, revenir sur les pages, recopier même certains passages et surtout lire jusqu'au bout. C'est un péché que de ne pas terminer. « Ne jamais quitter un livre sans l'avoir achevé », préconise le second, médecin et théoricien de la lecture comme art de la tentation.

C'est pourtant le contraire qu'elles font toutes. Elles dévorent, elles butinent, elles déflorent. Elles sont dans l'inachèvement, dans l'absence d'assouvissement, dans le désir inextinguible, dans le recommencement, dans la recherche du ravissement.

Désirer, vivre, lire. Faire l'amour en se laissant ensemencer ou oser le *coitus interruptus* ?

Parent-Duchâtelet, qui est non seulement un grand hygiéniste mais aussi un spécialiste des égouts de Paris, ne s'y trompe pas : cloaque que tout cela et menace de pourrissement de la race.

Elles lisent toutes, elles lisent trop, elles lisent de tout. L'opium de la fiction ne les transforme pas en femmes passives, mais leur permet au contraire de prendre conscience de leur personnalité et de celle des autres. Une gravure reproduite dans le livre magistral d'Alberto Manguel *Une histoire de la lecture* et intitulée *Le Fruit défendu* montre quatre femmes dans une pièce comportant une bibliothèque vitrée. L'une, de dos, nue, montée sur un escabeau, prend des livres sur les rayonnages comme si elle les volait. Elle vérifie qu'elle peut commettre ce crime de lèse-majesté en tournant son regard vers la domestique qui, consentante, fait le guet en surveillant la porte. Devant la bibliothèque, deux jeunes filles, la mine épanouie, lisent déjà un texte qui les ravit.

Il s'agit bien de cela : le fruit défendu.

Les lectrices, dès l'aube du XIXe siècle, lisent ce qu'elles veulent et subvertissent ce qu'elles lisent. Elles sont dans le livre, comme l'atteste le tableau de Gustav Adolph Hennig de 1828[6] : livre comme absorption, incorporation, effacement de soi-même. La femme devient le livre, vit comme dans le livre. Entre elles et lui circule un flux de vie et de sens. La lecture devient intériorité, suspension de temps, repli vers l'intime.

Mais le livre possède le pouvoir d'entraîner la femme vers le dehors : le dehors de la cellule familiale, le dehors de l'espace intime, l'au-dehors de soi-même, le dehors qui devient l'au-delà, le méconnaissable.

Le livre peut devenir plus important que la vie. Le livre enseigne aux femmes que la vraie vie n'est pas celle qu'on leur fait vivre. La vraie vie est ailleurs : là, dans cet espace d'imaginaire entre les mots qu'elles lisent et l'effet qu'ils produisent. La lectrice fait littéralement corps avec les personnages de fiction et n'accepte plus de refermer le livre sans que rien ne change dans sa vie. Le livre devient initiation.

Comment ne pas penser à Emma Bovary? Comment ne pas se souvenir de cette phrase de Gustave Flaubert à mademoiselle de Chantepie en juin 1857: «Lisez pour vivre.» Le thème du roman-amant envahit dès lors le champ social, perturbant les mentalités, ébranlant les catégories sexuelles, psychiques, politiques.

Souvenons-nous des phrases que prononce Emma quand, enfin seule dans sa chambre après avoir quitté Rodolphe, elle réalise qu'elle a un amant: «Alors elle se rappela les héroïnes des livres qu'elle avait lus et la légion lyrique de ces femmes adultères se mit à chanter dans sa mémoire avec des voix de sœurs qui la charmaient. Elle devenait elle-même comme une partie véritable de ces imaginations et réalisait la longue rêverie de sa jeunesse, en se considérant dans ce type d'amoureuse qu'elle avait tant envié.» Emma, coincée tout au long du roman entre un ici et maintenant de l'ennui, du malheur, des dettes et de la honte, et un ailleurs de l'imaginaire, des désirs et des rêves, finira traquée. Cette réserve d'imaginaire est constituée par la sédimentation de la lecture de romans. «Elle lut Balzac et George Sand, y cherchant des assouvissements pour ses convoitises personnelles.» Emma lit des romans pour s'inventer un monde, «l'immense pays des félicités et des passions». Le vide du réel se remplit par la fiction. Le roman est un support de l'imaginaire que le réel ne suffit pas à fournir.

Lors du procès intenté à Flaubert pour offense à la morale publique, Ernest Pinard, qui fit le réquisitoire, ne s'y trompa pas: ce qu'il incrimina, ce fut le genre de l'auteur, «la peinture réaliste», le fait qu'«une seule personne a raison, règne, domine: c'est Emma Bovary», et que «l'art sans règle n'est plus l'art; c'est comme une femme qui quitterait tout vêtement». «Emma Bovary, c'est moi», disait Flaubert. Emma n'est-elle pas un homme? Une femme qui aimerait bien avoir accès à ce qu'ont, ce que font les hommes? Comme un homme, Emma porte, entre deux boutons de son corsage, un lorgnon d'écaille; pour sa première promenade à cheval, elle met sur sa tête un chapeau d'homme; quand elle tombe enceinte, elle souhaite avoir un fils.

Baudelaire fut le premier à insister sur la nature virile d'Emma. Emma, c'est l'assomption de la jouissance. Emma, c'est le dérèglement de tous les sens. Emma, c'est la recherche du désir. Son propre désir. Pour le plaisir de la lectrice.

Barthes écrit: «Flaubert: une manière de couper, de trouer le discours sans le rendre insensé[7]».

Emma devient la figure emblématique de la pathologie que crée, chez les femmes, le fait même de lire: les femmes qui lisent s'exposent aux affections pulmonaires, à la chlorose, à la déviation de la colonne vertébrale et, *last but not least*, à l'hystérie.

Car la femme qui lit est une insatiable sexuelle. Au lieu de lire, elle ferait mieux de frotter le parquet de son appartement tous les matins, de s'injecter des lotions calmantes dans le vagin, de boire des infusions de fleurs de mauve, comme le prescrit le *Traité de thérapeutique et de matière médicale*, recueil de traitements et médicaments publié en 1836 et réédité neuf fois jusqu'en 1877...

En effet, la lecture devient une occupation quasi permanente. Les lectrices se multiplient. C'est une véritable contagion. Et l'hystérie augmente. Femmes-livres-hystérie: trio infernal. Les hystériques obsèdent de plus en plus les médecins, qui écrivent des traités non pour les comprendre mais pour tenter de les domestiquer comme des bêtes fauves en proie aux passions les plus obscènes. L'hystérique dérange, l'hystérique est dans l'excès. L'hystérique déconstruit l'ordre de la famille mais aussi celui de la société.

Généralement, seules les femmes peuvent devenir hystériques. Pour les médecins, les hommes, quand ils deviennent trop «intellectuels», agités, angoissés, souffrent plutôt d'hypocondrie, une maladie loin du sexe et de la nature génitale antagonique de l'hystérie. C'est rassurant. Hélas, il arrive que des hommes, très peu d'hommes heureusement pour la morale publique, se considèrent, se revendiquent même hystériques. Flaubert justement qui, dans sa correspondance, écrit plusieurs fois qu'il est « hystérique ». En 1852, il note : « Je sais bien qu'il n'est point aisé de dire proprement les banalités de la vie. Et les hystéries d'ennui que j'éprouve en ce moment n'ont pas d'autre cause... Je suis brisé et anéanti de tête et de corps comme après une grande orgie. »

Jamais le mot d'hystérie n'est prononcé dans *Madame Bovary*, mais le terme sera utilisé après coup dans le monde médical pour désigner le comportement d'Emma. Charles Richet, notamment dans *Les Démoniaques d'aujourd'hui*, fera d'elle la figure emblématique de l'hystérique, l'hystérie étant une « variété du caractère de la femme », les hystériques étant « femmes plus que les autres femmes ». Qu'est-ce à dire ? Les frontières vacillent. L'hystérique sort des cabinets médicaux et devient une héroïne littéraire. Le bovarysme est lié à la démesure, à l'excès, à la surabondance, au recouvrement du réel par l'imaginaire. Flaubert aime ces territoires. Il connaît sainte Thérèse, Edgar Poe. Il les sent, il les voit. Il dit que les hallucinés lui sont fort compréhensibles et que lorsqu'il les fréquente il en sort « tout bronzé et très expérimenté à coup sûr sur un tas de choses que j'avais à peine effleurées dans la vie[8] ». Certains hommes peuvent donc, veulent aussi se revendiquer hystériques. Après avoir lu la critique de Baudelaire, Flaubert ré-entonne le refrain à George Sand, en 1867 : « J'ai des battements de cœur pour rien, chose compréhensible, du reste, dans un vieil hystérique comme moi. Car je maintiens que les hommes sont hystériques comme les femmes et que j'en suis un[9]. » Les écrivains aiment déranger et mettre en péril les constructions si soigneusement élaborées par les politiques et les médecins[10].

Les lectrices continuent à lire des romans de plus en plus nombreux écrits par des romanciers picaresques fin de siècle, disponibles en feuilletons, abondants en suggestions qui satisfont les curiosités sexuelles conduisant à la folie, à la déchéance et à la mort !

Est-ce un hasard si, dans le tableau de Jean-Jacques Henner[11], la lectrice est nue ? Corps à corps avec le texte – cheveux roux, fonds ocre, abandon et luxuriance. La figure de la lectrice est-elle devenue une Vénus à la fourrure ?

Whistler, dans son tableau intitulé *Lecture sous la lampe*[12], opère le même mouvement : la lectrice se rapproche de plus en plus de son texte, semble aimantée par lui. Il y a le corps du texte, le corps de la lectrice. Et un désir d'être à l'unisson, comme au diapason de soi-même.

Van Gogh, dans un tableau dont il dit à son frère Théo qu'il l'a « torché » en moins de trois quarts d'heure, va encore plus loin : l'Arlésienne ne lit plus ; elle est en suspension de lecture[13]. Ce qu'elle a lu l'a tellement questionnée qu'elle lâche le livre et, sur son visage, s'inscrit la profondeur de la brèche que peut constituer, pour soi, à l'intérieur de soi, un mot, une phrase, une page.

Cette Arlésienne est la femme du tenancier du Café de la Gare. Elle s'appelle Madame Ginoux. Sur le tableau, elle est assez âgée, semble d'un caractère sombre et n'a pas beaucoup de temps pour lire. Les gens qui la fréquentent tous les jours doivent être peu nombreux à connaître ce jardin secret : cette passion de la lecture. Vincent, lui, l'a compris, et dans un tableau immortel et bouleversant il donne à cette femme, que trop de gens doivent considérer comme inculte et peu ouverte au monde, une dignité, une dimension spirituelle.

Dans *Le Plaisir du texte*, Roland Barthes note : « Ne jamais assez dire la force de SUSPENSION du plaisir : c'est une véritable *époché*, un arrêt qui fige au loin toutes les valeurs admises (admises par soi-même). Le plaisir est un NEUTRE (la forme la plus perverse du démoniaque)[14]. »

Démoniaques, les femmes qui lisent ? Oui, certainement, et de plus en plus dangereuses. Pour longtemps encore. Car, au fil du temps, les noces secrètes entre sexe féminin et texte masculin, texte féminin, texte féministe ont permis la construction d'un espoir nouveau, vital, libérateur, jubilatoire : les femmes ne s'abritent plus derrière des identités secrètes, les femmes ne prennent plus de pseudonymes, les femmes ne se contentent plus de ressembler à des héroïnes inventées, les femmes prennent la parole, les femmes disent « je », les femmes écrivent « moi je », les femmes produisent du texte, du texte théorique, du texte fictionnel, du texte inceste, du texte homosexuel, du texte sexuel, du sextuelle.

De liseuses, elles sont devenues lectrices. De lectrices, elles sont aujourd'hui auteures. Elles en écrivent. Elles écrivent même quand elles lisent. Les femmes qui écrivent se revendiquent souvent comme des lectrices. Si elles écrivent, c'est pour continuer la chaîne, la chaîne du plaisir que leur a procuré le plaisir de lire. Les femmes qui lisent trouvent dans leurs textes ces sources secrètes du désir, elles en font des chambres d'amour toutes tapissés de bibliothèques qu'elles retrouvent dans leurs rêves les plus doux.

Le désir féminin de lire et d'écrire n'est pas près de s'éteindre. Pourquoi dit-on dans la langue des commerciaux du livre que les femmes demeurent des « prescriptrices » ? Les docteurs peuvent prescrire des pilules contre la mélancolie, les femmes, elles, savent, comme les sourcières, sorcières[15], trouver sous le corps du texte l'essence même de leur être.

Entre elles et les garçons le torchon brûle, pour reprendre le titre d'un très beau journal mensuel collectif né à l'aube du MLF, dans la queue de comète de Mai 68.

Aux garçons la *vita externa*. Aux jeunes filles, aux femmes de tous les âges, aux femmes hors âge, hors cadre, hors conventions sociales, aux femmes qui aiment les risques, la *vita activa*, la *vita contemplativa*, la *vita lectura*...

C'est une rengaine bien connue. Les hommes prennent – souvent – les femmes belles pour des connes. Souvenez-vous du comportement de certains hommes avec notre sublime, notre adorée, celle qui, nous les femmes, nous fait encore chavirer par sa générosité, sa fragilité, sa douceur, cette beauté qui hante nos cœurs ; la voix sublime qui nous fait encore défaillir quand elle chante *My Heart Belongs to Daddy*, la blonde pulpeuse, fragile et fêlée qui voulait, qui pouvait, mais qui n'a jamais eu la possibilité d'être ce qu'elle voulait – une amoureuse de textes – clôt ce livre de façon rêveuse et mélancolique. Marilyn en maillot de bain dans un jardin, installée « à la va comme je te pousse », lit un livre[16]. Pour le lire, elle le lit : la photographie prend acte de sa concentration et de sa ferveur. Elle lit un livre, soit qu'elle a déjà lu, soit qu'elle continue à lire : elle en est aux deux tiers. Le livre lui est familier. On ne le lui a pas fourgué entre les mains à la dernière seconde, pour jouer « Marilyn l'intello ». Cela se voit. La photographie date de 1952. Le livre est *Ulysse* de James Joyce. Comme on prend souvent les belles filles pour des idiotes, et les actrices pour des moins que rien, la question a obsédé certains esprits, qui ont voulu en avoir le cœur net : l'a-t-elle lu ou non ? On a retrouvé Eve Arnold. Elle a raconté qu'en arrivant dans sa maison, elle a trouvé Marilyn en train de lire *Ulysse*, elle lui a parlé d'*Ulysse*, elle voulait le relire, c'était ardu, ça résistait. Alors, entre deux séances de pose, Marilyn est allée chercher son *Ulysse*, pour se reposer, pour se ressourcer, pour prendre enfin pied dans la réalité : cette fiction qu'elle tentait d'embrasser.

1. *Cf. infra*, p. 75.
2. *Cf. infra*, p. 40.
3. *Dernier Royaume*, vol. 2, *Sur le Jadis*, Paris, Gallimard, « Folio », 2005.
4. *Histoire des femmes*, dir. Michelle Perrot et Georges Duby, Paris, Plon, 1991.
5. *Cf. infra*, p. 73.
6. *Cf. infra*, p. 75.
7. Roland Barthes, *Le Plaisir du texte*, Paris, Le Seuil, « Points », 1982.
8. « Lettre à mademoiselle de Chantepie », 30 mars 1857, in *Correspondance*, vol. 2, Paris, Gallimard, « Bibliothèque de la Pléiade », 1980.
9. 12 janvier 1867, *op. cit.*, vol. 3.
10. *Cf.* Nicole Edelman, *Les Métamorphoses de l'hystérique*, Paris, La Découverte, 2003.
11. *Cf. infra*, p. 88.
12. *Cf. infra*, p. 92.
13. *Cf. infra*, p. 101.
14. *Op. cit.*
15. *Cf.* Jules Michelet, *La Sorcière*, Paris, Flammarion, « GF », 1966.
16. *Cf. infra*, p. 144.

Stefan Bollmann
Une histoire illustrée de la lecture
du XIIIe au XXIe siècle.

Les femmes qui lisent sont dangereuses

Lire nous donne du plaisir et peut nous transporter dans d'autres mondes – cela, aucun de ceux qui ont pu perdre un jour les notions d'espace et de temps au cours d'une lecture ne saurait le contester. Pourtant, l'idée que la lecture puisse être aussi source de plaisir, ou même que son but essentiel soit le charme et l'agrément, est relativement récente : elle est timidement apparue au XVIIe siècle, avant de s'imposer plus nettement au XVIIIe.

Au milieu du XVIIe siècle, le Français **Jean Siméon Chardin** a peint un tableau qu'il a intitulé *Les Amusements de la vie privée*. Le tableau nous montre une femme qui s'est confortablement installée dans un grand fauteuil rouge aux accoudoirs capitonnés, un coussin moelleux dans son dos, les pieds appuyés sur un tabouret. Les contemporains de Chardin ont cru pouvoir discerner une certaine indolence dans les vêtements de la femme, une toilette dernière mode, et surtout dans la manière dont le modèle tient son livre sur ses genoux avec sa main gauche.

Au second plan de la composition, on distingue un rouet posé sur une petite table, ainsi qu'une terrine et un miroir disposés sur un buffet dont la porte entrebâillée laisse deviner la présence d'autres livres. Mais, comparés à l'apparition colorée et lumineuse de la lectrice du premier plan, ces attributs de la vie domestique passent quasiment inaperçus. Bien que cette femme, dont on peut supposer qu'elle sait également, en d'autres occasions, filer de la laine ou préparer une soupe, tienne son livre entrouvert afin de pouvoir reprendre sa lecture là où elle l'a abandonnée, il ne semble pas qu'elle en ait été distraite – parce que son mari lui aurait par exemple réclamé son repas, ses enfants leurs écharpes et leurs bonnets, ou simplement parce que sa voix intérieure l'eût rappelée à ses devoirs domestiques. Si cette femme a interrompu sa lecture, c'est plutôt librement et de son plein gré, pour

Jean Baptiste Siméon Chardin
Les Amusements de la vie privée, 1746

réfléchir à ce qu'elle vient de lire. Son regard, qui ne fixe rien – pas même le spectateur du tableau, qui se trouve ainsi renvoyé à lui-même –, témoigne d'une attention flottant sans contrainte, d'une intériorité méditative. Cette femme continue à rêver et à penser à ce qu'elle a lu. Non seulement elle lit, mais elle paraît en outre se former sa propre vision du monde et des choses.

Une quinzaine d'années plus tard, **Pierre Antoine Baudouin**, parisien comme son contemporain Chardin, peint à son tour une femme qui goûte le plaisir de la lecture. Baudouin était le peintre favori de la marquise de Pompadour, que François Boucher, le maître et beau-père de Baudouin, a représentée dans son boudoir – en train de lire, elle aussi, sans être cependant absorbée dans sa lecture, étendue sur un lit somptueux, mais entièrement apprêtée, disposée à sortir ou, le cas échéant, à recevoir le roi.

Pierre Antoine Baudouin
La Lecture, vers 1760

La lectrice de Baudouin donne au contraire l'impression de ne plus pouvoir ni vouloir accueillir personne dans sa chambre défendue par un baldaquin et par un paravent, à moins que ce ne soit l'amant rêvé, soudain surgi de la douce ivresse de la lecture. Le livre lui a glissé de la main pour rejoindre les autres accessoires traditionnellement associés au plaisir féminin : un petit chien de compagnie et un luth. À propos de ce genre de lectures, Jean-Jacques Rousseau a parlé de livres qu'on ne lit que d'une seule main – ici l'autre main, glissée sous la robe de la jeune femme abandonnée avec ravissement sur son fauteuil, les boutons de son corset défaits, exprime assez clairement ce qu'il entendait par là. Sur la table qu'on aperçoit sur la gauche du tableau, faisant en quelque sorte irruption dans la scène, des in-folio et des cartes sont disposés pêle-mêle, avec un globe. L'un des ouvrages porte l'inscription « Histoire de voyage ». La question reste ouverte de savoir s'ils évoquent un mari ou un amant éloigné dont on attend le retour ou s'ils ne font que signaler la désinvolture avec laquelle l'érudition est sacrifiée ici au plaisir des sens.

Quoique la toile de Baudouin soit délibérément plus frivole et plus directe que la représentation du plaisir de la lecture selon Chardin, on pourrait pourtant soutenir qu'elle est incomparablement plus moralisatrice : comme tant de peintures de son temps et des époques qui suivront, le tableau met en effet en garde contre les funestes conséquences de la lecture. Mais en l'occurrence, ce n'est évidemment qu'une illusion : Baudouin flirte en réalité avec la morale et ne s'en sert que pour mieux faire diversion. En nous exposant une femme terrassée par ses rêveries sensuelles, dans une pose lascive, le peintre s'adresse à un public de plus en plus hypocrite, composé de « petits abbés, de jeunes avocats guillerets, de financiers obèses et d'autres gens de mauvais goût », ainsi que les décrivait avec lucidité Diderot, le contemporain et critique de Baudouin. Quoi qu'il en soit, cette femme séduite par la lecture ne fait donc certainement que porter le chapeau : car il est moins question ici de son propre monde que de celui de ceux qui la regardent et qui ne sont que trop empressés à se laisser emporter par un brin de libertinage.

Dangereuse lecture

À défaut de s'en amuser, d'autres milieux sociaux ont pris ce type de morale extrêmement au sérieux. Lorsque la fièvre de la lecture commença à sévir au temps de Chardin et de Baudouin et que l'on vit bientôt, d'abord dans la métropole parisienne et jusque dans les provinces les plus retirées ensuite, tout le monde – et surtout les femmes – se promener avec un livre dans la poche, ce phénomène ne manqua pas d'irriter certains contemporains et fit rapidement entrer en lice partisans et critiques de tous bords. Les premiers prônaient une lecture utile, qui devait canaliser la « fureur de lire », comme on disait alors, pour faire passer des messages de vertu et favoriser l'éducation. Leurs adversaires conservateurs ne voyaient au contraire dans la lecture débridée qu'une preuve supplémentaire du déclin des mœurs et de l'ordre social. Ainsi le libraire suisse Johann Georg Heinzmann allait-il jusqu'à considérer la manie de lire des romans comme le second fléau de l'époque, à peine moins funeste que la Révolution française. Selon lui, la lecture avait apporté « en secret » autant de malheur parmi les hommes et les familles que « l'effroyable Révolution » dans le domaine public. Jusque chez les rationalistes il se trouva aussi des esprits pour estimer que la pratique immodérée de la lecture était un comportement nuisible à la société. Les conséquences d'une lecture menée « sans goût ni réflexion », déplorait en 1799 l'archéologue et philologue kantien Johann Adam Bergk, représentent « un gaspillage insensé, une crainte insurmontable de tout effort, une propension illimitée au luxe, un refoulement de la voix de la conscience, un dégoût de vivre et une mort précoce » – en bref, un renoncement aux vertus bourgeoises et une régression dans les vices aristocratiques, logiquement punis par une diminution de l'espérance de vie. « Le manque total de mouvement corporel dans la lecture, joint à la diversité si violente d'idées et de sensations », ne pouvait conduire, selon un jugement assené en 1791 par le pédagogue Karl G. Bauer, qu'à « la somnolence, l'engorgement, le ballonnement et l'occlusion des intestins qui agissent très réellement, comme on sait, sur la santé sexuelle de l'un et l'autre genre, et notamment de la gent féminine » – quiconque lit beaucoup et voit sa faculté d'imagination aiguillonnée par la lecture penche inéluctablement vers l'onanisme, comme le suggérait déjà le tableau de Baudouin.

Pourtant, ce genre de propos moralisateurs ne put contenir le triomphe de la lecture, de la lecture féminine en particulier. Pour en expliquer l'ampleur, il convient de noter que l'envie de lire, qui, entre le XVIIe et le XIXe siècle, s'est emparée de l'Europe et de l'Amérique du Nord, n'était pas, tout compte fait, une révolution à proprement parler, comme on a pu le croire un temps. On doit au contraire inscrire la transformation des comportements de lecture dans le contexte des trois grands bouleversements qui, selon le sociologue américain Talcott Parsons (1902-1979), signalent le processus de formation des sociétés modernes. Outre l'industrialisation et la démocratisation, c'est une révolution pédagogique qui caractérise ces sociétés, à travers une vague d'alphabétisation qui a touché toutes les couches de la population et par un allongement continu de la durée de scolarisation – aujourd'hui, on est souvent étudiant jusqu'au-delà de sa vingt-cinquième année. Mais dans le cadre de l'évolution de la lecture, ces trois phénomènes, qui en ont naturellement modelé, accéléré et

parachevé les pratiques, ne représentent en fait qu'une tendance qui s'est manifestée sur un intervalle de temps beaucoup plus long.

Lire en silence

Si l'on s'interroge sur la cause du scandale qui enflamma avec tant de violence le clan des moralisateurs contre le phénomène de la lecture intense et excessive, il se pourrait que l'on tire quelque lumière de l'expression « en secret », mentionnée plus haut, que le libraire Heinzmann avait employée en partant en guerre contre « la peste de la littérature ». Car la formule « en secret » ne signifie pas seulement « en privé », non publiquement, elle renvoie aussi à une manière qui échappe au contrôle de la société et de la communauté immédiate, notamment celle de la famille, de la sphère domestique et de la religion. Ce qui a induit et favorisé cette « dérive », en établissant une relation intime et familière entre le livre et son lecteur, c'est la pratique de la lecture silencieuse.

Tombeau d'Aliénor d'Aquitaine,
vers 1204

Si lire en silence est pour nous une chose qui va de soi, il n'en a pourtant pas toujours été ainsi. Pour rencontrer à ce propos des manifestations de surprise, il nous faut remonter beaucoup plus loin que le XVIIe ou le XVIIIe siècle. Sur cette question, la référence devenue classique se trouve chez saint Augustin, qui fut si frappé d'admiration par la manière dont saint Ambroise, l'évêque de Milan, lisait en silence qu'il en consigna l'événement dans le sixième livre de ses *Confessions* rédigées vers la fin du IVe siècle. Lorsque Augustin venait à l'improviste rendre visite au prélat qu'il vénérait, il le trouvait généralement « lisant tout bas et jamais d'une autre sorte ». Quand Ambroise lisait, rapporte Augustin, « ses yeux couraient les pages du livre, mais son esprit s'arrêtait pour en pénétrer l'intelligence ; et sa langue et sa voix se reposaient ». À l'étrange comportement de cet homme d'Église fort occupé, l'auteur des *Confessions* avance plusieurs explications. Deux d'entre elles ont à voir avec le temps extrêmement réduit dont l'évêque disposait pour son recueillement spirituel : Ambroise voulait-il ne pas être distrait pendant ces brefs moments, s'interroge Augustin, ou entendait-il éviter d'être entraîné dans des discussions avec ceux qui, étant présents, l'auraient écouté attentivement s'il avait lu à voix haute ? Et il est effectivement vrai qu'en comparaison de la lecture à haute voix, lire en silence épargne du temps. Cette pratique offre en outre au lecteur une relation ininterrompue avec la chose lue qu'il dissimule ainsi à autrui et qu'il s'approprie pour lui seul.

De nos jours, on considère non seulement comme analphabète quelqu'un qui ne sait pas lire (ni écrire), mais aussi toute personne qui ne peut comprendre un texte sans le lire à haute voix. Or, il a dû exister une époque où les choses étaient exactement inversées, où la lecture à haute voix était la norme, quand c'est aujourd'hui lire en silence qui prévaut. L'Antiquité connaissait certes la voix intériorisée, mais cette pratique de la lecture n'y a jamais été qu'un phénomène marginal. Tout comme nous sommes surpris aujourd'hui quand quelqu'un élève la voix en lisant – ne fût-ce que pour murmurer ou même si ses lèvres bougent de façon à peine audible – et que nous nous interrogeons sur les raisons d'un tel comportement dès lors qu'il ne s'agit plus d'un enfant, il devait en aller pareillement dans l'Antiquité quand quelqu'un ne lisait pas à voix haute – ou tout au moins perceptible. Jusqu'à une époque tardive du Moyen Âge et, selon les milieux, jusque très avant dans l'époque moderne, la lecture consistait en deux choses: penser et parler. Surtout, elle était un acte qui n'était pas séparé du monde extérieur, mais qui se déroulait à l'intérieur du groupe social et sous son contrôle.

L'émancipation de la lecture silencieuse s'est accomplie tout d'abord dans le cercle des moines copistes, et ce n'est que plus tard qu'elle s'est propagée aux milieux universitaires et à l'entourage des aristocrates éclairés, pour ensuite s'étendre très graduellement à d'autres groupes de population, grâce aux progrès de l'alphabétisation. Érigé dans le monastère de l'abbaye de Fontevrault où **Aliénor d'Aquitaine** s'était retirée à la fin de sa vie, son tombeau nous montre la reine décédée en 1204, gisant sur le couvercle de son sarcophage, tenant un livre ouvert entre ses mains. Lire en silence, nous apprend ce curieux monument funéraire, pouvait donc être le symbole des joies célestes, surtout chez une femme qui s'était distinguée de son vivant comme mécène des arts et des lettres et qui avait passé ses dernières années au couvent. Mais ce n'était aucunement le signe d'un plaisir terrestre autorisé. Aujourd'hui, nous parlerions de travail spirituel et social: il s'agissait de l'assimilation plus ou moins contrôlée d'un canon plus ou moins large de textes normatifs et transmis par la tradition.

Il se peut également qu'on ait rattaché à la pratique de la lecture silencieuse l'idée d'une relation directe de l'individu avec la Divinité, telle qu'elle avait été propagée par Luther. Or Luther lui-même, qui avait pourtant commencé par abolir les vieilles instances de médiation, se refusa bientôt à abandonner l'interprétation du sens des Écritures aux hardiesses que pouvait favoriser toute lecture libre et privée de la Bible, et le réformateur se hâta en conséquence de nommer de nouvelles autorités en matière d'exégèse. Ce n'est qu'à la fin du XVIIe siècle, et plus particulièrement avec l'avènement du piétisme, entièrement orienté sur les pratiques individuelles de dévotion, qu'il devint du devoir de chaque croyant de s'intéresser personnellement à la Bible. Entre 1686 et 1720, l'Église luthérienne de Suède se lança, avec l'appui des autorités civiles, dans une campagne d'alphabétisation restée fameuse. Non seulement on déclara officiellement que l'acquisition de la lecture était une condition indispensable pour être membre de l'Église, mais on vit bientôt des contrôleurs passer le pays au peigne fin pour vérifier l'état des connaissances. Cependant la population, devenue ainsi experte en lecture, ne se contenta pas d'utiliser son savoir tout neuf pour faire la preuve de sa bonne éducation religieuse, elle en profita aussi pour s'acquérir des connaissances profanes. Grâce à une brochure distribuée par les autorités sanitaires, les femmes purent assimiler un savoir élémentaire sur l'hygiène et les soins du nourrisson, et l'on peut considérer la diminution considérable de la mortalité infantile qui fut constatée dans les décennies suivantes comme une retombée indirecte et lointaine de cette campagne d'alphabétisation. Dès lors que le nombre d'enfants qui survivaient à leurs premières années s'accrut, les femmes n'étaient plus contraintes

de mettre autant d'enfants au monde et la levée de cette obligation d'enfanter leur procura de nouveaux espaces de liberté, qu'elles pouvaient notamment consacrer à lire en silence. Si aujourd'hui encore la Suède reste le pays le plus avancé dans ce domaine, on peut sans doute en faire remonter l'origine à cette époque charnière entre les XVIIe et XVIIIe siècles.

Savoir lire favorisa aussi, sur le plan intime et personnel, le développement de modes de comportement d'un genre nouveau, qui n'allaient pas manquer d'éroder, avec le temps, la légitimité de l'autorité établie, tant spirituelle que temporelle. Les femmes qui apprenaient à lire à cette époque étaient effectivement dangereuses. Car non seulement la femme qui lit s'acquiert un espace de liberté auquel elle est la seule à avoir accès, mais elle s'assure aussi, du même coup, un sentiment de valorisation qui ne doit rien à personne. En outre, elle se forge sa propre vision du monde, qui ne coïncide pas forcément avec celle qui lui a été transmise par ses origines et par la tradition. Si tout cela est encore loin de signifier que la femme s'est désormais affranchie de la tutelle patriarcale, on peut tout de même y voir la porte ouvrant sur le chemin qui la conduira bientôt à l'air libre.

Lire au féminin

En 1631, **Rembrandt** a peint une vieille femme en train de lire (ce tableau est connu sous le titre *La Mère de l'artiste*, et certains ont voulu y reconnaître la figure de la prophétesse Anne). Les caractères hébraïsants qu'on distingue sur la page du gros ouvrage que l'aïeule tient ouvert sur ses genoux permettent de penser qu'il s'agit de l'Ancien Testament. La main ridée de la lectrice est étendue à plat sur la page, à la manière dont les gens âgés, pour qui lire devient difficile, marquent de leur doigt la ligne qui les occupe. Cette attitude est aussi l'expression du rapport d'extrême intimité que le personnage de Rembrandt entretient avec les paroles de la Bible. La vieille femme paraît entièrement absorbée à recueillir le sens et la portée de ce qu'elle est en train de lire.

Les Lumières et la diffusion progressive de la lecture silencieuse mirent à mal l'assurance et le sentiment de sécurité procurés par la foi. Il n'est pas jusqu'aux livres eux-mêmes – et l'un d'entre eux tout spécialement – qui ne virent alors le caractère absolu de leur ancienne autorité se défaire. Les livres cessent d'être les véhicules d'une vérité incontestable, pour devenir progressivement les instruments permettant aux lectrices et aux lecteurs de mieux se percevoir et se comprendre eux-mêmes. Dans le même temps, ceux-ci renoncent à se référer toujours et uniquement aux même livres, transmis de génération en génération. En lieu et place, ils se lancent dans de nouvelles lectures, qui ne sont plus forcément religieuses et leur ouvrent des connaissances empiriques, des idées critiques et des désirs qui jusque-là

Rembrandt Harmensz Van Rijn
Vieille femme en train de lire
(*La Mère de l'artiste*), 1631

étaient demeurés hors de leur portée. Dans le nord protestant de l'Europe, ces tendances, quoique encore réservées, étaient perceptibles depuis déjà assez longtemps, comme en témoigne, nous l'avons vu, la peinture hollandaise du XVIIe siècle. À cette époque, il ne se trouvait dans aucun autre pays européen qu'aux Pays-Bas autant de personnes sachant lire et écrire, et nulle part ailleurs on n'imprimait autant de livres. Des voyageurs ont pu rapporter que, dès le milieu du XVIe siècle, l'alphabétisation s'était propagée jusque chez les paysans et parmi les gens simples. Notons toutefois qu'à cette époque, chez les femmes, la lecture est plus largement répandue que l'écriture, qui devait longtemps encore rester un domaine réservé aux hommes.

Un tableau exécuté dans les années 1660 par le peintre hollandais **Pieter Janssens Elinga** nous montre une servante plongée dans la lecture. À l'opposé de la vieille femme en train de lire peinte par Rembrandt, le personnage nous tourne ici le dos – une façon traditionnelle de marquer qu'il se détourne du monde. Mais pour autant, la lectrice ne voue nullement son attention à la parole divine; le regard indiscret que le peintre nous invite à jeter sur le livre ouvert, par-dessus l'épaule de la jeune femme, permettait à ses contemporains d'identifier sans erreur le genre de littérature dans lequel ils la voyaient absorbée: il s'agit de « la belle Histoire du chevalier Malégis, qui gagna le fameux cheval Bayard et vécut tant d'aventures prodigieuses » – la version hollandaise de la chanson de geste médiévale des *Quatre Fils Aymon*, l'un des romans de chevalerie les plus prisés de l'époque. Quelques détails du tableau laissent entendre que le peintre porte un œil réprobateur sur le comportement de la jeune femme, qu'il juge sans doute frivole et déplacé. La coupe de fruits, imprudemment et hâtivement posée sur le siège rembourré de la chaise placée contre le mur, pourrait glisser et se briser d'un instant à l'autre sur le sol.

Probablement destiné à garnir la chaise que la lectrice, soucieuse d'avoir une meilleure lumière, a tirée près des trois fenêtres du fond, un coussin a été négligemment jeté à terre. Les pantoufles, qui appartiennent sans doute à la maîtresse de maison, traînent en désordre au milieu de la pièce – dans son désir ardent de reprendre sa lecture aussi vite que possible, la servante a dû trébucher dessus. Autant dire que la jeune fille semble profiter de l'absence de sa patronne pour se livrer à sa passion plutôt que de s'acquitter avec soin de ses tâches, comme la morale calviniste l'eût réclamé. La maîtresse de maison vient-elle à s'absenter que l'ordre domestique en paraît aussitôt menacé.

Si tant est qu'il ait jamais existé, pourrait-on ajouter. Car à qui donc appartient ce livre contant les exploits fabuleux du chevalier Malégis, qui fascinent tant la jeune femme du tableau, sinon à sa maîtresse elle-même ? Aux autres manquements commis par la servante s'ajoute par conséquent la faute bien plus

Pieter Janssens Elinga
Femme en train de lire, 1668-1670

grave d'avoir soustrait quelque chose qui est la propriété de ses maîtres. Même si la lectrice n'a fait qu'« emprunter » le livre, elle a très certainement agi sans en demander l'autorisation. Mais cette circonstance, justement, ne jette-t-elle pas une lumière révélatrice sur le genre de vie de la maîtresse de maison et sur la manière dont elle occupe ses heures de loisir ?

Un acte anarchique

Ce sont principalement deux groupes sociaux qui à l'avenir seront responsables de la révolution des pratiques de lecture : de jeunes intellectuels et des femmes aisées, qui, les uns comme les autres, étaient à la recherche de nouveaux textes, non tant pour les imposer contre les vieilles autorités qu'à cause du besoin que chacun éprouvait de se définir, tant sur le plan privé que social. Ces deux groupes disposaient d'une réserve assez abondante de temps libre : les jeunes intellectuels bourgeois parce que le monde socialement immobile dans lequel ils vivaient leur avaient souvent coupé toute possibilité d'ascension ; les épouses et les filles de la bourgeoisie parce que l'amélioration de leur aisance matérielle leur avait octroyé l'usage d'une domesticité et qu'elles disposaient en conséquence de loisirs ou du moins, pendant la journée, de temps libre qu'elles pouvaient employer à lire. Il n'est pas jusqu'aux servantes et aux femmes de chambre qui ne purent profiter à leur tour de ce bien-être et de ces moments de répit. Car la maison de leurs maîtres était équipée du coûteux éclairage qui leur permettait de lire la nuit venue et, parfois, il leur restait même un peu d'argent pour emprunter des livres. (Aux alentours de 1800, le prix des livres était exorbitant : pour l'équivalent du prix d'un roman récent, une famille aurait pu se nourrir toute une semaine, voire deux.)

À l'opposé de la lecture savante et utile de la tradition, la nouvelle pratique de la lecture avait quelque chose d'effréné, de sauvage, tant elle était fortement vouée à accroître considérablement la faculté d'imagination des lecteurs. Ce qui était décisif n'était pas le décompte des heures ou des jours passés à lire, mais l'intensité de l'expérience émotionnelle que la lecture déclenchait. Par-delà l'excitation de telle ou telle impression déterminée, lectrices et lecteurs étaient avides de ce sentiment de valorisation de soi que la lecture faisait naître. Ce qu'ils réclamaient, c'était le plaisir de savourer leur propre agitation émotionnelle, car cette expérience leur procurait une conscience inédite et satisfaisante d'eux-mêmes, que le simple accomplissement des rôles sociaux qui leur incombaient n'était pas en mesure de leur faire éprouver. La plupart du temps, cela ne suscitait aucun écho dans leur entourage immédiat. Parfois, au contraire, de vives résistances ne tardaient pas à se manifester. Dans *Madame Bovary*, Flaubert a magistralement dépeint l'intensité de l'exigence de bonheur déclenchée par la lecture romanesque, en même temps que le caractère insurmontable des refus qu'on lui oppose. Ce sont les livres qu'elle lit qui permettent à Emma Bovary de se faire une idée de ce qu'elle aurait pu vivre. Mais l'exigence à laquelle elle entend désormais se soumettre et soumettre son existence est inconciliable avec sa vie réelle. Ce qui la conduit à la catastrophe.

Dans le monde masculin dominant, on avait depuis longtemps pressenti le caractère inéluctable de telles dérives. Aussi s'était-on hâté de promulguer de nouvelles règles, qui énuméraient ce que les chefs de famille et les éducateurs estimaient être profitable dans la lecture, afin que les femmes, dont on connaissait suffisamment l'imagination débordante, ne missent pas leur vie ni celle de leurs époux en danger à cause de leur funeste passion de lire. Mais le temps vint bientôt où lecteurs et lectrices se refusèrent à ce qu'on infléchît – et encore moins à ce qu'on leur dictât – leur conduite en matière de lecture. Ils se mirent à lire ce que le marché produisait, et le marché se mit à produire toujours plus. En outre, les pratiques réelles de la lecture ne tardèrent pas à battre également en brèche les conceptions et les ordres qui gouvernaient traditionnellement les façons de lire. La lecture féminine, en particulier, s'effectuait à rebours de tout système, de façon dispersée et, la chose n'était pas rare, en cachette. Elle s'adaptait aux emplois du temps et se glissait dans les interstices de liberté qu'ils ménageaient, mais elle était également déterminée par les humeurs, les opportunités et les modes du marché littéraire.

La manière dont il faut se représenter les habitudes de lecture d'une jeune et « géniale » dévoreuse de livres du début du XIXe siècle, on peut l'emprunter à une lettre que **Bettina von Arnim**, experte en correspondances fictives, s'adresse à elle-même, en imaginant que c'est son amie Karoline von Günderode qui lui écrit. La description de la chambre que Bettina a quittée l'espace d'un instant peut se lire comme le portrait psychique d'une lectrice indomptable, qui traverse dans la plus belle anarchie, par ses choix et ses habitudes de lecture, tous les temps, tous les styles et tous les domaines: « [...] dans ta chambre, cela ressemblait à un bord de mer, où une flotte s'était échouée. Schlosser réclamait deux grands in-folio qu'il avait empruntés pour toi à la bibliothèque municipale et que tu as déjà depuis trois mois sans y avoir jeté un œil. Homère était ouvert sur le sol, ton canari ne l'avait pas ménagé, ta belle carte imaginaire de l'Odyssée n'était pas loin, avec le coffre aux coquillages, la coupelle d'encre sépia et toutes les coquilles de couleur alentour, cela a fait une tache marron sur ton joli tapis de paille [...]. Ton roseau géant près du miroir est encore vert, je lui ai fait donner de l'eau fraîche. Ta jardinière avec l'avoine, et tout ce que tu as bien pu y semer d'autre, a poussé dans le plus grand désordre, il me semble qu'il s'y est mêlé aussi beaucoup de mauvaises herbes, mais comme je ne sais pas très bien faire la différence, je n'ai pas osé arracher quoi que ce soit. Quant aux livres, j'ai trouvé sur le sol Ossian, Shakountala, la chronique de Francfort, le second volume de Hemsterhuis, que j'ai emporté chez moi, puisque c'est toi qui m'as prêté le premier [...]. Siegwart, un roman de l'ancien temps, était posé sur le piano, avec l'encrier dessus, une chance qu'il ne contenait presque plus d'encre, mais tu auras de la peine à déchiffrer ta composition au clair de lune sur laquelle il a répandu sa coulée d'encre. Quelque chose grattait dans une petite boîte posée sur le rebord de la fenêtre, j'étais curieuse de l'ouvrir, deux papillons s'en sont envolés, tu les avais enfermés comme des poupées, avec Lisbeth je les ai chassés sur le balcon où ils ont apaisé leur première faim sur les haricots en fleur. En balayant sous le lit,

Ludwig Emil Grimm
Bettina von Arnim, 1810

Walter Launt Palmer
L'Après-midi dans le hamac, 1882

Lisbeth en a fait sortir Charles XII et la Bible, ainsi qu'un gant en cuir, qui n'irait certainement à la main d'aucune dame, avec un poème en français à l'intérieur, il semble que ce gant était posé sous ton oreiller. »

On n'a aucune peine à se représenter concrètement les habitudes de lecture qui devaient être celles de cette jeune femme. Parmi les libertés qu'elle s'accordait, il y avait certainement celles de « feuilleter un livre en tous sens, sauter des passages entiers, lire des phrases à rebours, se méprendre sur leur sens, les remodeler, continuer de les filer et de les parer de toutes les associations possibles ; tirer du texte des conclusions qui lui sont étrangères, s'irriter contre lui, y prendre du plaisir ; l'oublier, le plagier et jeter le livre dans un coin, à un moment quelconque ». Les phrases qui précèdent ne sont pas celles de Bettina von Arnim, c'est Hans Magnus Enzensberger qui les a rédigées, quelque cent cinquante ans plus tard, pour décrire ce qu'il nomme « l'acte anarchique » de la lecture. Elles s'appliquent à ce qui est devenu entre-temps la pratique courante de la lecture. Pourtant, cet usage libre et non réglementé des livres n'était pas une chose qui allait de soi, il aura fallu un processus long et complexe pour qu'il s'impose contre une pratique extrêmement codifiée et grevée d'obligations.

Aujourd'hui, les derniers avocats d'une lecture réglementée sont des pédagogues et des lettrés. À considérer en particulier la concurrence à laquelle les médias audiovisuels soumettent les productions traditionnelles de l'imprimerie en matière de divertissement et d'information, le livre semble occuper une position condamnée. Depuis la première libéralisation des pratiques de lecture entre le XVIIe et le XIXe siècle, chacun est libre de décider non seulement de ce qu'il lit et de la façon dont il entend le faire, mais aussi d'en choisir le lieu. Désormais, on peut lire où l'on veut : de préférence chez soi, enfoncé dans un fauteuil, allongé sur un lit ou à même le sol, mais aussi en plein air, sur la plage ou en voyage, dans le train ou le métro. Dès le milieu du XVIIe siècle, un Allemand qui séjournait dans la métropole parisienne faisait état des innombrables occasions de lire : en voiture, dans les jardins et les rues, au théâtre, pendant les pauses, au café, dans son bain, dans les magasins en attendant le client, assis le dimanche sur un banc devant sa maison, et même en se promenant... Le regard plongé en silence dans le livre générait une aura d'intimité qui séparait le lecteur ou la lectrice de son environnement immédiat, tout en lui permettant d'y être tout de même immergé (comme le font aujourd'hui les adolescents ou les amateurs de course à pied avec leur baladeur sur les oreilles) : au milieu de l'agitation de la ville et en présence d'autres gens, le lecteur pouvait jouir de sa solitude sans qu'on le dérangeât. De nos jours, ce sont surtout les personnes seules qu'on voit s'absorber au restaurant dans une lecture captivante pour s'armer contre ce que peut avoir de curieux la situation de manger sans compagnie. Il y a encore, comme autrefois, de rares lecteurs qui gardent une préférence pour les salles de lecture des bibliothèques, où on lit encore dans la même posture que les érudits d'antan, assis le dos droit, le livre ouvert devant soi, les bras posés sur la table, totalement concentré sur le contenu de l'ouvrage, en s'efforçant de faire aussi peu de bruit que possible et de n'importuner personne. La bibliothèque est un lieu qui se prête bien à être seul tout en étant parmi les autres, au sein d'une communauté de gens partageant les mêmes affinités, dans laquelle chacun est occupé à quelque chose qui ne regarde que lui.

Lire au lit

S'il n'y a plus de lieu véritablement privilégié pour la lecture, il subsiste tout de même encore certaines possibilités de retrait qui s'accordent bien à son usage immodéré et joyeux. L'une d'entre elles est le lit, qui jouait déjà, dans la description de la chambre de Bettina von Arnim, un rôle de premier ordre. En tant que lieu où l'on vient chercher nuit après nuit le repos, mais où l'on vient aussi aimer et mourir, où l'être humain est engendré et où il voit le jour, où il cherche un refuge quand la maladie le frappe et où il expire généralement son dernier souffle, le lit représente, dans la vie humaine, un endroit dont il n'est guère aisé d'imaginer un équivalent à la dimension existentielle aussi marquée. Au cours des derniers siècles, il s'est affirmé de plus en plus nettement comme le théâtre de l'intimité humaine. Depuis le milieu du XVIIIe siècle, on rencontre de plus en plus de tableaux qui nous font voir la lecture au lit comme une nouvelle habitude, typiquement féminine.

Lorsqu'elle était encore jeune fille, **Colette** a dû livrer bataille à son père afin de pouvoir lire, comme elle le raconte dans un de ses romans. Non que celui-ci lui eût interdit certains livres – c'est plutôt la mère en effet qui exprime ses doutes en se demandant si la passion de l'amour, telle qu'elle est décrite dans

les livres, a quelque chose à voir avec la vie réelle et s'il est opportun de mettre certains livres dans les mains des enfants. Le père, en revanche, s'empare de la moindre chose imprimée qui traîne alentour pour enfermer son butin dans la caverne de sa bibliothèque, où tout disparaît sans espoir de retour. Comment s'étonnerait-on dès lors que la jeune fille apprenne vite à dissimuler ses lectures à son père ? Profondément enfoncée dans les coussins de son lit, Colette savoure les livres qu'elle a réussi à soustraire aux mains de son père et au regard de sa mère. Le lit est son refuge ; lire au lit, c'est tisser autour de soi un cocon de délicieuse sécurité.

Toute sa vie, Colette restera fidèle à ce lieu choisi de lecture. Partout et à chaque période de son existence, elle s'efforcera de conquérir des endroits et des interstices de temps où elle pourra être seule, sans être dérangée par quiconque : seule avec un livre. Dans les dernières années de sa vie, contrainte par la maladie, elle ne quitte pratiquement plus cet endroit qu'elle

André Dunoyer de Segonzac
Sidonie-Gabrielle Colette, sans date

André Kertész
Hospice de Beaune, 1929

nomme, avec tendresse, son « radeau-lit ». C'est là qu'elle reçoit ses amis, lit, écrit sur une table parfaitement adaptée que la princesse de Polignac lui a offerte et qui lui sert de bureau.

En 1971, le photographe **André Kertész** a fait paraître aux États-Unis un livre intitulé *On Reading*. L'ouvrage réunit soixante-cinq photographies en noir et blanc, qui montrent, à quelques rares exceptions près, des hommes et des femmes en train de lire. On n'y trouve aucun texte, sinon, à la toute dernière page, les habituelles indications bibliographiques. André Kertész a pris ses photos dans le monde entier : à Paris, à New York, à Venise, à Tokyo, à Kyoto, à Manille, à la Nouvelle-Orléans, à Buenos Aires et dans un couvent de trappistes. La plus ancienne de ces photographies nous fait voir trois enfants aux vêtements misérables et raidis par la crasse – deux sont même pieds nus –, assis sur le sol, devant un mur, le regard entièrement absorbé par un livre que l'enfant placé au centre tient sur ses genoux. Cette image a été prise en 1915 en Hongrie, où Kertész est né en 1894, où il a grandi sous le prénom d'Andor et où il a appris seul à photographier. Et pourtant le message de son livre *On Reading* n'est pas, comme on pourrait le penser de prime abord, que tout le monde lit, partout et toutes sortes de choses. Sans doute voit-on sur les photographies de Kertész des gens en train de lire, dans tous les endroits du monde, dans toutes les situations, jusqu'aux plus impossibles, mais le lecteur y est toujours un individu tout à fait singulier, « choisi », serait-on presque tenté de dire. L'objectif de Kertész l'isole de son environnement, tout comme le lecteur ou la lectrice s'en isole pour lire. Dans la masse anonyme, celui qui lit se retire en lui-même ; dans la foule des consommateurs gouvernés par une instance extérieure, il est le flâneur guidé par son seul désir. Il a les yeux fixés sur son livre ou sur son journal et donne à celui qui l'observe une impression d'impassible invulnérabilité.

L'image la plus célèbre du recueil *On Reading*, par laquelle se clôt d'ailleurs la série des photographies de Kertész, a été réalisée en 1929 dans une chambre de l'Hospice de Beaune, en Bourgogne. D'une composition parfaite, elle nous fait voir une vieille femme assise dans son lit, un peu tassée, tenant un livre entre ses deux mains, concentrée et attentive à ce qu'elle lit. Les lourdes et sombres poutres et les clairs rideaux tirés d'un baldaquin confèrent une dimension théâtrale à la scène : comme si le regard était autorisé à se poser, pour un moment d'une durée incertaine, sur un spectacle remarquable, au terme duquel le rideau se refermera pour toujours. Certes, il ne serait pas indifférent que la vieille femme soit en train de lire Racine ou même un roman contemporain scandaleux plutôt qu'un livre de prières, mais en définitive, la question de savoir s'il s'agit d'une lectrice pieuse, savante ou rebelle ne touche pas au cœur de ce que nous montre la photo (« Don't think, look ! » [Ne réfléchis pas, regarde !], comme Kertész aimait semble-t-il répéter). Et que voyons-nous sur cette image ? Une vieille femme qui, dans le lit où elle mourra à plus ou moins brève échéance, n'est ni en train de prier, ni en train de déclamer des vers ou de se rebeller, mais simplement en train de lire. Sur les photographies d'André Kertész, lire est un acte existentiel, qui semble persister encore face à la mort imminente. La lecture n'est pas seulement une stimulation ou un passe-temps. « On se retire en soi, on abandonne son corps au repos, on se rend inaccessible et invisible au monde », écrit Alberto Manguel dans son *Histoire de la lecture*. Cet état, Colette, dont André Kertész a réalisé plusieurs portraits qui comptent parmi ses images les plus impressionnantes et parmi les meilleurs clichés de l'écrivain, avait coutume de l'appeler, avec un brin d'ironie, sa « solitude en hauteur ».

L'intimité de la lecture

Lire est un acte d'isolement aimable. Si nous nous rendons inapprochables en lisant, nous le faisons du moins avec tact. Qui sait si ce n'est pas justement cela qui, depuis si longtemps, incite les peintres à représenter des êtres en train de lire ? Ce qui les séduit peut-être, c'est de montrer ces êtres dans un état d'extrême intimité, qui n'est pas destiné au monde extérieur. Ainsi la peinture nous fait-elle voir ce qu'à vrai dire nous ne devrions pas voir, sinon au prix de le détruire.

S'il est un peintre qui a réussi à représenter, avec la plus grande acuité et le plus intégralement possible, cette intimité qu'on peut si facilement et si rapidement altérer, c'est bien **Vermeer**. Bon nombre des quelque trente-cinq tableaux qu'il a peints au cours de sa brève existence nous montrent des jeunes femmes entièrement absorbées dans la tâche qu'elles sont en train d'accomplir ou qu'elles viennent d'interrompre. Il peut s'agir d'occupations ordinaires de la vie quotidienne, verser du lait par exemple, peser de l'or ou essayer un collier, il est aussi souvent question de musique, mais le peintre n'a de cesse de revenir à deux motifs qu'il affectionne particulièrement : la lecture et l'écriture de lettres (d'amour). Ainsi dans le tableau *La Femme en bleu* voyons-nous une jeune femme enceinte plongée dans la lecture d'une lettre qu'elle a sans doute reçue de son époux. Derrière elle, une carte est accrochée au mur, qu'on retrouve dans d'autres œuvres du peintre. Elle représente le sud-est de la Hollande, en rendant en quelque sorte tangible pour le spectateur la présence de l'absent – d'une façon qui ne saurait cependant se mesurer à l'intensité avec laquelle il est présent pour celle qui est en train de lire sa lettre. Les lèvres de la jeune femme sont entrouvertes, comme si elle se lisait à elle-même, tout bas, le contenu de la lettre – signe

Jan Vermeer (Vermeer van Delft)
La Femme en bleu, vers 1663-1664

de l'extrême émotion qui la saisit, mais aussi, peut-être, de sa difficulté à déchiffrer l'écriture. La lectrice du tableau de Vermeer, dont les petites dimensions n'ont d'égale que l'extraordinaire minutie d'exécution, est à l'abri d'une aura d'intimité qui la protège comme une enveloppe et qui irradie l'œuvre dans son entier. « Vermeer, ce mystérieux peintre, écrit le Hollandais Cees Nooteboom, a tenté quelque chose avec les femmes des Pays-Bas, il a enchanté leur prosaïsme, ses femmes régnaient sur des mondes cachés, clos, dans lesquels il était impossible de pénétrer. Les lettres qu'elles lisaient contenaient la formule de l'immortalité. »

Quatre siècles plus tard, il semble qu'il ne soit pratiquement rien resté de cette formule. En 1931, le peintre américain **Edward Hopper** réalise *Hotel Room* (*Chambre d'hôtel*), un tableau de grandes dimensions. Une femme en sous-vêtements est assise sur un lit d'hôtel, elle a posé avec soin la robe dont elle s'est dévêtue sur le dossier d'un fauteuil vert placé derrière le lit, elle n'a pas encore déballé son sac de voyage ni sa valise. Les traits de son visage sont plongés dans l'ombre. Elle lit une sorte de dépliant, probablement un plan de ville ou une carte routière. Elle semble indécise, presque désemparée, livrée sans secours à elle-même. La mélancolie des gares et des chambres d'hôtel anonymes plane sur cette scène figée, l'atmosphère des voyages sans destination. La lectrice de Hopper est aussi profondément plongée dans ses pensées que la femme en bleu que nous avons vue en train de lire une lettre chez Vermeer. Ici pourtant, cette méditation n'est habitée par aucune autre existence, elle n'est que l'expression du malaise de la civilisation moderne. De l'aura de l'intimité, il ne reste plus que l'instantané d'une vie sans expression ni lieu.

Les femmes que Hopper nous montre en train de lire ne sont pas dangereuses, mais en danger – non pas du fait de leur imagination débordante, mais à cause de la dépression qui les guette. Sept ans plus tard, un autre tableau montrera une femme dans un compartiment de train, en train de lire un dépliant d'assez grand format. Si l'on en croit ces tableaux, une incurable nostalgie flotte désormais sur la lecture et celles qui s'y adonnent : il semble que le joyeux chaos engendré par la fièvre de lire a finalement conduit à une apathie vertigineuse – celle où sont plongées les lectrices de Hopper, avec ces imprimés qu'elles consultent sans véritable intérêt.

Il est facile d'imaginer qu'une critique conservatrice, encline au sarcasme, va s'empresser de faire valoir son mécontentement d'avoir vu les femmes quitter l'intimité de leurs espaces protégés pour errer, comme les hommes, dans un monde toujours plus impersonnel, au lieu d'être restées chez elles, à attendre patiemment le retour de celui qu'elles aiment ou l'arrivée de la lettre qu'il leur écrirait parfois. Voilà donc ce qu'elles en ont récolté ! Mais il existe aussi des témoignages confirmant qu'on peut envisager la nouvelle situation autrement, avec

Edward Hopper
Chambre d'hôtel, 1931

optimisme et confiance, plutôt que de déplorer la disparition d'une intériorité sans doute irrémédiablement perdue.

En 1924, un an avant sa mort, **Félix Vallotton**, né à Lausanne et qui a principalement travaillé à Paris, a peint un nu auquel il a donné le titre *La Lecture abandonnée*. Dans cette œuvre, on ne perçoit plus rien de l'atmosphère sensuelle qui avait enveloppé, dans les siècles précédents, la figuration de femmes dévêtues en train de lire dans leur lit. Ce que Vallotton s'emploie à capter ici, c'est le moment d'après la lecture : le livre écarté, encore tendrement caressé par la main, invite le spectateur à se détourner de la nudité du modèle pour s'attacher à son regard. Nous avons entamé notre analyse par la représentation d'une situation analogue : Chardin avait lui aussi fixé l'instant qui suit immédiatement la lecture, en venant se greffer sur son interruption (librement choisie). Mais à la différence de la femme des *Amusements de la vie privée* de Chardin, on n'a pas l'impression que la lectrice de Vallotton soit encore perdue dans les pensées suscitées par ce qu'elle vient de lire : elle fixe au contraire directement le spectateur de ses yeux.

Sous ce regard, toutes les rêveries se dissipent, que ce soient celles qui s'associent à la chose lue ou celles que pourrait faire naître la chose peinte, qu'elles se rapportent à la relation d'intimité entre le livre et le lecteur ou à celle qui unit le tableau et le spectateur. À toi de jouer, nous dit le regard, tu as le choix. Il n'y a aucune certitude que tu puisses tirer d'aucun livre. Et cela est particulièrement vrai de tous les livres rouges, qu'il y soit question d'amour ou d'idéologie. Il n'y a que le hasard de la situation, sur laquelle tu as aussi peu de prise que moi. Nous vivons dans l'ici et maintenant. Si tu veux être mon égal, expliquons-nous. Sinon va-t'en et ne me dérange pas dans ma lecture.

La galerie d'images de lectrices proposée dans les pages qui suivent fonctionne comme un musée imaginaire. Le spectateur peut y flâner à sa guise, feuilleter le livre dans un sens ou dans l'autre. Il saisira des choses au vol et apercevra des continuités. De courts textes de commentaire lui serviront de guide dans cette promenade. À leur tour, les images de lecture demandent qu'on les lise.

Lire, a dit Jean-Paul Sartre, c'est rêver librement. Souvent, nous avons tendance à nous attacher au rêve fabriqué plutôt qu'à l'acte créateur. Et pourtant, la lecture intensive, c'est justement l'exploration de notre liberté créatrice. De cette liberté, saurons-nous faire quelque chose ?

Félix Vallotton
La Lecture abandonnée, 1924

Le lieu du Verbe
Lectrices pleines de grâce

Le christianisme est une religion du livre. Dès la fin de l'Antiquité, le Christ est représenté avec un rouleau. La Bible, « le livre des livres », est composée d'écrits historiques, de manuels de doctrine et de livres prophétiques. En tant que symbole religieux, le livre est un attribut traditionnellement réservé aux hommes: on le voit dans les mains du Christ, dans celles des Apôtres, des saints et martyrs, des prêtres, des moines, des patrons et princes de l'Église. Il est le reposoir de la grâce divine et le véhicule de l'autorité spirituelle.

Simone Martini

Au XIVe siècle, les représentations de l'Annonciation ne sont plus une rareté. Pourtant, personne avant lui n'avait figuré l'événement comme le peintre siennois Simone Martini nous le montre dans ce tableau. Les vêtements et les ailes de l'ange sont plongés dans un or étincelant. L'intercesseur divin donne l'impression d'être tombé du ciel à l'instant. Ses lèvres sont entrouvertes pour délivrer son message, dont la teneur figure sur l'inscription qui traverse obliquement le tableau, de sa bouche jusqu'à l'oreille de la Vierge : « Je te salue, tu es pleine de grâce, le Seigneur est avec toi, tu es bénie entre toutes les femmes. Sois sans crainte, Marie, car tu as trouvé grâce aux yeux de Dieu. » Mais Marie, de quelle façon répond-elle ? Dès cette époque, des spectateurs contemporains se sont étonnés de l'attitude apeurée qui est celle de la Vierge peinte par Simone Martini, comme si elle cherchait à esquiver la toute-puissance des paroles de l'ange en se retirant dans « son » coin. Dans l'effroi de Marie il y a quelque chose d'une attitude de défense, où l'on croit voir se mêler en outre une curieuse indifférence. On dirait presque qu'elle veut se détourner de ce qui a lieu, en se drapant le corps dans son manteau.

Le livre rouge, symbole de sa sagesse, elle le tient ouvert, son pouce glissé entre les pages, afin de ne pas perdre le passage dans lequel elle était justement plongée au moment où l'arrivée de l'ange a interrompu sa lecture. Le format et l'aspect de l'ouvrage suggèrent qu'il s'agit d'un livre d'heures. À la fin du Moyen Âge, les livres d'heures étaient en usage dans les maisons fortunées. Les laïcs s'en servaient pour leurs actes personnels de prière et de dévotion. Et on les utilisait fréquemment pour apprendre à lire aux enfants.

Nous assistons donc, dans cette *Annonciation*, à la naissance de quelque chose de nouveau : la Vierge de Martini est une femme d'esprit, elle n'est plus, loin s'en faut, l'innocente ingénue que les théologiens avaient l'habitude de voir en elle. Elle maîtrise une pratique qui devient courante, à la fin du Moyen Âge, chez les gens qui ont reçu une éducation : celle de la lecture en silence, qui permet donc de s'approprier savoir et connaissance en puisant à des sources librement choisies – non par obéissance, mais grâce à l'étude et à la lecture. Et il est bien naturel qu'une personne aussi profondément absorbée dans la lecture que la Vierge de Martini sursaute quand on la dérange.

Simone Martini (vers 1280/85-1344)
L'Annonciation, 1333
Florence, galerie des Offices

Hugo Van der Goes

Nous voyons ici le volet latéral droit d'un retable que le maître gantois Hugo Van der Goes a peint pour le gentilhomme florentin Tommaso Portinari (ce qui explique que l'on désigne habituellement cette œuvre du nom de son commanditaire, l'autel Portinari). Par ses dimensions monumentales – 2,50 mètres de hauteur sur près de 6 mètres de largeur –, ce triptyque compte parmi les témoignages les plus impressionnants de la peinture primitive flamande en Italie.

Tommaso Portinari, le donateur du retable, dirigea la maison de commerce des Médicis à Bruges entre 1465 et 1480. C'est dans cette ville qu'il passa commande de cette œuvre destinée à l'église Santa Maria Novella de Florence. Tandis que le panneau central figure la naissance de Jésus et l'Adoration des mages, les deux volets latéraux représentent le couple fondateur et ses enfants. C'est dans ce contexte que le peintre a choisi de recourir à un usage déjà daté à l'époque, celui de représenter les fondateurs à une taille plus réduite que celle de leurs saints patrons: d'où résulte l'impérieuse rigueur émanant des figures de sainte Marguerite et de sainte Marie Madeleine, qui dominent les portraits de Maria Baroncelli, l'épouse de Portinari, et de sa fille aînée Margherita.

Entièrement vêtue de rouge, sainte Marguerite a un livre ouvert dans sa main gauche. Pourtant, son regard ne se dirige pas sur les pages. Ici, le livre n'est que le symbole de la foi et à ce titre, associé à la croix, il agit comme un charme destiné à repousser le dragon qu'on aperçoit au pied de la sainte, dont le monstre tient encore une des pantoufles dans sa gueule. Selon la légende, la jeune bergère convertie au christianisme par sa nourrice fut jetée en prison, où elle fut ensuite agressée par le diable, qui avait pris l'aspect d'un dragon. L'effroyable créature se jeta sur elle et, d'après certaines versions de l'histoire, la dévora. Mais Marguerite sut s'en défendre et la maîtriser grâce à une petite croix qu'elle avait gardée avec elle. Sur le retable de Van der Goes, le pouvoir protecteur de la croix se trouve renforcé par la référence au livre des Saintes Écritures.

Hugo Van der Goes (vers 1440-1482)
Triptyque de l'Adoration des mages (retable Portinari)
Florence, galerie des Offices

Ambrosius Benson

Le vase à parfums que Marie Madeleine tenait dans sa main droite sur le retable Portinari se trouve ici sur une table. C'est principalement cet attribut qui nous indique que nous sommes une fois encore en présence, avec cette jeune femme plongée dans la lecture, d'une incarnation de la sainte. Depuis le XIIIe siècle, la figure de Marie Madeleine, pécheresse et pénitente, jouissait d'une grande popularité. On l'identifiait à la prostituée à qui Jésus avais remis ses péchés dans la maison de Simon le Pharisien, après que la jeune femme lui eut d'abord mouillé les pieds de ses larmes, les eut séchés avec ses cheveux, embrassés puis parfumés – tel est, en tout cas, le récit que l'Évangile de saint Luc nous donne à lire.
En revanche, il faut attendre le XVe siècle pour voir apparaître un livre dans les représentations de la sainte. À la différence de la tête de mort et du miroir, attributs qui lui seront encore rattachés par la suite, le livre n'entend pas signifier les ambiguïtés de la vie mondaine, mais, au contraire, leur dépassement dans une vie de contemplation vertueuse. Pourtant, Marie Madeleine ne tardera guère à quitter la sphère religieuse pour réapparaître sous les traits d'une belle jeune femme, souvent peu vêtue ou carrément nue – que les peintres prennent alors l'habitude de figurer avec un livre entre les mains.
Ambrosius Benson, peintre natif de l'Italie du Nord et qui œuvra essentiellement à Bruges, à la tête de son propre atelier, a réalisé, conformément au goût de son époque, de nombreux portraits allégoriques de femmes, et notamment toute une galerie de portraits de Marie Madeleine. Ils furent exportés jusqu'en Espagne et en Italie et on les vendait lors des foires qui se déroulaient en janvier et en mai à Bruges, où le peintre ne tenait pas moins de trois stands d'exposition. Aux yeux des spectateurs contemporains, la gracieuse jeune femme, qui contemple avec recueillement les pages de son livre relié de velours rouge, était l'équivalent allégorique d'une promesse de mariage.

Ambrosius Benson (vers 1495-1550)
Marie Madeleine lisant, 1540
Venise, Ca' d'Oro, Galleria Franchetti

Michel-Ange

La Renaissance a redonné vie aux histoires et aux figures de la mythologie grecque et romaine. Dans la gigantesque fresque qu'il a peinte au plafond de la chapelle Sixtine, Michel-Ange a réuni des prophètes de l'Ancien Testament et des sibylles de l'Antiquité païenne.

Les sibylles étaient les prophétesses de l'Antiquité: des femmes qui prononçaient des oracles dans un état d'extase et annonçaient les événements à venir, le plus souvent effroyables. On les distinguait par le nom du lieu géographique où elles officiaient: ainsi la sibylle de Cumes prophétisait-elle, dit-on, dans une caverne près de l'ancienne ville de Cumes, en Italie méridionale, dans la province de Campanie.

Ovide raconte qu'Apollon avait tenté de la séduire en lui promettant de lui donner ce qu'elle voudrait. Lorsqu'elle lui demanda de lui accorder des années de vie aussi nombreuses que les grains de sable qu'elle tenait dans sa main, elle oublia de demander au dieu de lui donner en plus la jeunesse éternelle. Aussi la plus longue part de son existence millénaire ne fut-elle qu'une vieillesse chargée de maux, jusqu'à ce que, pour finir, sa belle et grandiose apparence d'autrefois se consume et se réduise à une forme minuscule que plus personne ne pouvait apercevoir et dont on ne reconnaissait plus que la voix.

Michel-Ange nous la montre bien avant ce stade de décrépitude ultime. Certes, son corps a déjà beaucoup vieilli et son visage s'est creusé de rides profondes, mais ses bras puissants et musculeux ressemblent encore à ceux d'un jeune homme plein de vigueur.

L'histoire la plus fameuse concernant la sibylle de Cumes est celle de ses neuf volumes de prophéties qu'elle voulut vendre à Tarquin le Superbe, le septième et dernier roi de Rome. Comme le souverain refusait de payer un prix qu'il jugeait trop élevé, la sibylle mit le feu à trois de ses volumes. Tarquin refusa de nouveau, elle en brûla trois autres. Finalement, le roi acheta au prix initialement fixé les seuls trois volumes qui restaient. On dit qu'ils furent conservés pendant des siècles sous bonne garde, dans un caveau de pierre sous le temple de Jupiter, sur la colline du Capitole, afin qu'on pût les consulter dans les temps de détresse. C'est dans un de ces volumes de prophéties que la sibylle de Michel-Ange, mi-sorcière, mi-géante, est en train de lire notre avenir à tous. Mais selon toute apparence, les pages de son livre sont vierges.

Michelangelo Buonarroti, dit Michel-Ange (1475-1564)
La Sibylle de Cumes, vers 1510
Rome, chapelle Sixtine

Moments intimes

Lectrices ensorcelées

Dans les sociétés européennes, il n'y a guère eu de place pour la vie intime avant le XVIe siècle. Par la suite, lors de la formation progressive d'une sphère intime, la pratique et les habitudes de lecture jouent un rôle considérable. La femme qui lit en silence conclut avec le livre une alliance qui se soustrait au contrôle de la société et de son environnement immédiat. Elle conquiert un espace de liberté auquel elle seule a accès et gagne du même coup un sentiment autonome d'identité. En outre, elle commence à se forger sa propre image du monde, qui ne coïncide pas forcément avec celle de la tradition ni avec les conceptions masculines dominantes.

Domenico Fetti

Domenico Fetti, à qui l'on attribue ce tableau tout simple d'une jeune fille toute simple, fut un peintre de la transition : sous son pinceau, des scènes de la mythologie et de l'hagiographie chrétienne se métamorphosent en scènes de genre, en se dotant d'un caractère profane inédit. Fetti a démythologisé le mythe et vidé la religion de sa dimension sacrée, en expérimentant une vision détaillée, presque déjà naturaliste, de la réalité. Dans ses tableaux, la représentation d'un talent humain n'est plus rattachée à un canon d'attributs et de symboles transmis par la tradition, et le peintre apporte la preuve qu'on peut tout aussi bien le manifester par une certaine attitude, un certain regard, une certaine organisation de la lumière.

Le rendu extrêmement précis du drapé du misérable vêtement que porte la jeune femme prête à son apparence une part de grandeur et de dignité qui l'élève au rang d'une personne de qualité. C'est en cette même année 1620 que Fetti a peint sa fameuse représentation de *La Mélancolie*: le peintre nous fait voir une figure féminine qui, le front en appui sur sa main gauche, entièrement absorbée dans ses pensées, environnée de ruines et face à un crâne qu'elle entoure de sa main droite, médite sur le caractère fugace et dérisoire des choses terrestres. Le quignon de pain entamé qu'on voit dans le coin inférieur gauche de notre tableau fait un peu penser au crâne de *La Mélancolie.* Et tout comme on a longtemps considéré que la figure mélancolique de Fetti était une Marie Madeleine en pénitence, il se peut que les spectateurs contemporains aient également tenu cette jeune femme en train de lire pour l'incarnation d'une pénitente. Ce qui nous frappe peut-être davantage aujourd'hui, c'est le charme indicible de cette jeune lectrice. Elle nous donne le sentiment que la lecture peut s'apparenter à cette ceinture magique qui possède le pouvoir de donner de la grâce à la personne qui la porte, en lui garantissant ainsi affection et amour.

Domenico Fetti (1589-1624)
Jeune Fille en train de lire, vers 1620, attribué à Domenico Fetti
Venise, musée de l'Académie

Rembrandt Van Rijn

Tout au long de sa vie, Rembrandt s'est intéressé au phénomène de l'âge et du vieillissement. Dès sa jeunesse, il peint des portraits de vieillards et de vieilles femmes, marqués par les stigmates de la vie et caractérisés par une faiblesse toujours plus accablante. Le modèle du tableau que nous voyons ici n'est certainement pas la propre mère de l'artiste, comme son titre courant le donne pourtant à croire. Jan Lievens (1606-1669), contemporain exact de Rembrandt, a utilisé le même modèle pour un tableau qui représente également une vieille femme plongée dans la lecture, un lorgnon sur le nez. Conformément à la coutume de leur temps, les deux peintres nous montrent l'un et l'autre une femme en train de lire la Bible.

Rembrandt fait entièrement disparaître le corps de sa vieillarde dans un vêtement somptueux. Seuls sa main et son visage décrépit émergent du costume. La lumière semble jaillir directement du gros volume de l'Ancien Testament. Attentivement plongée dans l'étude des Écritures, la vieille femme a posé sa main ridée à plat sur le livre ouvert : c'est de cette façon en effet que les personnes âgées, pour qui lire est devenu difficile, suivent du doigt la ligne qu'ils sont en train de déchiffrer. Mais cette attitude témoigne aussi de la relation intime qui s'institue entre la lectrice et le livre.

Contrairement à ce que nous croyons généralement, l'Antiquité avait nié la question de la dignité de la vieillesse et des personnes âgées. Selon les conceptions alors en usage, les vieillards avaient rempli leur fonction dès lors qu'ils avaient servi l'État et engendré une descendance. Le tableau de Rembrandt, tout au contraire, établit une relation directe entre les devoirs et la dignité du grand âge et l'autorité de l'Écriture sainte, où l'on trouve de nombreux prophètes et prophétesses d'un âge avancé. Rien ne saurait être moins inutile que l'humble étude de la Bible : c'est en cela que consiste la dignité de la vieillesse, désormais déchargée de toute autre obligation mondaine.

Le peintre a donné une impression de concordance entre l'autorité du livre et le recueillement intérieur de la vieille femme, ce qui témoigne de son retrait et de son émancipation des rôles et des tâches qu'elle avait eu à remplir jusque-là.

Rembrandt Harmensz Van Rijn (1606-1669)
Vieille Femme en train de lire (*La Mère de l'artiste*), 1631
Amsterdam, Rijksmuseum

Jacob Ochtervelt

La lettre, comme forme de la conversation écrite, était très en vogue dans les Pays-Bas du XVIIe siècle. À cette époque, aucun autre pays d'Europe ne comptait autant de citoyens qui savaient lire et écrire, et les échanges épistolaires y acquirent une importance sans cesse croissante, tant sur le plan économique et politique que dans les relations personnelles et intimes. On vit fleurir sur le marché du livre toutes sortes de manuels de la correspondance et de l'art de la calligraphie. Ce qui était déterminant pour la réussite d'un échange de lettres, ce n'était pas seulement de savoir choisir les bonnes formes d'expression, ajustées aux circonstances et à la personne à qui l'on s'adressait, mais aussi de savoir écrire de façon à la fois lisible et esthétiquement plaisante. La peinture ne tarda pas à s'emparer de ce motif et toute une population écrivant ou lisant des lettres apparut bientôt sur les toiles – on peut constater que les hommes sont le plus fréquemment représentés en train d'écrire, tandis que les femmes sont plus nombreuses à être montrées en train de lire une lettre. Parmi les tableaux les plus célèbres traitant de ce sujet, on peut nommer ceux de Jan Vermeer, Gerard ter Borch et Pieter De Hooch.

Tout en appartenant à cette constellation, le tableau présenté ici en franchit également les limites. C'est en effet l'une des rares peintures de cette époque qui met en jeu une concurrence entre plusieurs médiums – en l'occurrence le livre, la lettre et la conversation.

De toute évidence, l'homme peint par Ochtervelt est en train de réitérer verbalement la requête amoureuse qu'il a déjà confiée à la lettre qu'on aperçoit sur la table. Le fait que le sceau rouge en est rompu suggère que la femme a pris connaissance de son message. Sans en être apparemment touchée, elle poursuit cependant sa lecture, qui semble pour l'instant lui importer davantage que tout échange épistolaire, verbal ou autre (on ne saurait omettre la présence du lit à l'arrière-plan du tableau), et ce, alors même que la jeune femme est fort loin de produire une impression d'excessive pruderie. Quelle que soit l'issue de l'affaire, le tableau nous montre une chose : la femme jouit de l'intérêt et de l'attention qu'on lui accorde, sans avouer cependant le plaisir qu'elle y prend et en s'abîmant dans sa lecture – en tout cas, c'est ce qu'elle fait mine de faire.

Jacob Ochtervelt (1634/35-1708/10)
La Requête amoureuse, 1670
Karlsruhe, Staatliche Kunsthalle

Pieter Janssens Elinga

Absorbée dans la lecture d'un best-seller de l'époque, la servante de Pieter Janssens Elinga tourne le dos au spectateur du tableau. Plutôt que de s'acquitter de ses tâches, elle s'abandonne à sa passion de la lecture. L'expérience délicieuse d'être soi-même le lieu d'une agitation émotionnelle a procuré aux lectrices une conscience inédite et flatteuse de leur propre identité, qui ne pouvait se faire jour dans l'accomplissement du rôle que la société leur imposait.

Pieter Janssens Elinga (1623-1682)
Femme en train de lire, 1668-1670
Munich, Alte Pinakothek

Jan Vermeer

Probablement enceinte, la femme en bleu peinte par Vermeer se tient près d'une (invisible) fenêtre pour lire une lettre qu'elle a sans doute reçue de son époux. La carte accrochée au mur, représentant le sud-est de la Hollande, est une allusion à l'absent qui a écrit le billet. Les lèvres de la femme sont entrouvertes, comme si elle lisait à voix basse, pour elle-même, le contenu de la lettre – un indice de l'intensité avec laquelle elle en reçoit le message, mais aussi, peut-être, de sa difficulté à déchiffrer ce qui est écrit. Cette lectrice est plongée dans une aura d'intimité, comme à l'abri d'une enveloppe qui la protège.

Jan Vermeer, dit Vermeer de Delft (1632-1675)
La Femme en bleu, vers 1663-1664
Amsterdam, Rijksmuseum

Résidences du plaisir

Lectrices conscientes d'elles-mêmes

Il est assurément exagéré de prétendre qu'au XVIIIe siècle on a passé le plus clair de son temps à jouir de la vie et à s'amuser. Mais l'époque du rococo et des Lumières a certainement vécu avec l'idée du plaisir. Fini le temps où les lecteurs se penchaient avec effort sur de lourds in-folio. Les livres se tiennent à présent dans la main avec aisance et légèreté et la lecture de la poésie et des romans devient un nouveau passe-temps qu'offre la vie privée. Lire ne se réduit plus à chasser l'ennui mais devient une expérience de liberté individuelle.

François Boucher

La marquise de Pompadour, maîtresse de Louis XV, que le peuple de France haïssait en raison de son train de vie outrageusement luxueux, avait elle-même des origines bourgeoises. C'est à partir de sa vingt-quatrième année que cette fille illégitime d'un commerçant parisien influa sur les goûts de la noblesse française. Lorsqu'elle fut nommée dame d'honneur de la reine en 1756, elle chargea François Boucher, le futur « premier peintre du roi », de réaliser son portrait officiel.

Il n'est rien, dans ce tableau, qui soit laissé au hasard : même les partitions dispersées à terre, les estampes et les outils d'écriture jonchant le sol doivent témoigner d'une certaine négligence de la courtisane – désinvolture qui constitue, aux côtés du luxe et du bon goût, le troisième critère indispensable du boudoir : comment s'étonnerait-on dès lors que ce lieu soit apparu, aux yeux de ses contemporains, comme « la résidence des délices » ? Le modèle est étendu en grande toilette sur un canapé poussé contre une paroi essentiellement composée par un grand miroir où se reflète une bibliothèque richement ornementée, dont les volumes sont frappés aux armes de leur propriétaire.

Dans ce tableau, tout est à la fois intime et mis en scène. Bien avant l'apparition des masses-médias, il nous montre un monde où passions et désirs s'exposent. Pour quelque temps encore, c'est le livre qui gouverne en maître le royaume du plaisir. La marquise vient de suspendre la lecture dans laquelle elle était plongée ; de l'index de sa main droite, elle garde le livre ouvert à la page qu'elle était en train de lire. Son avant-bras droit et la pliure de l'ouvrage sont exactement alignés sur la diagonale qui parcourt le tableau, de son coin supérieur gauche jusqu'à son angle inférieur droit, où d'autres livres sont négligemment jetés. Lorsque l'ouvrage qu'elle tient encore dans sa main aura glissé à son tour, la place y sera libre. Peut-être pour le petit chien qui est assis à ses pieds et dont la tête trace, avec celle de la marquise, la seconde diagonale de la composition ? Mais ce ne saurait être que jusqu'à l'entrée du roi. Car c'est lui – et lui seul – qu'attend cette belle femme, qui avait un savoir absolu du moment opportun.

François Boucher (1703-1770)
Madame de Pompadour, 1756
Munich, Alte Pinakothek

Jean Raoux

Au XVIIIe siècle, les peintres de genre français se placent dans la tradition de la peinture hollandaise du XVIIe siècle. Mais c'est avec plus d'intensité que leurs prédécesseurs qu'ils mettent l'accent sur la saisie d'un moment fugace, le rendu d'une seconde précieuse. La peinture se transforme dès lors en parfait instantané : un geste, une attitude, un regard animé captent le mystère de la féminité. Si la lettre qu'on voit ici est certainement une lettre d'amour (le portrait de l'homme sur la face intérieure de la boîte à bijoux ouverte sur la table en est un indice), le peintre n'a pourtant pas l'intention de nous raconter une histoire, il veut simplement nous montrer le moment exact où Cupidon fait son clin d'œil.

Jean Raoux (1677-1734)
La Lettre, 1720
Paris, musée du Louvre

Jean-Honoré Fragonard

La jeune fille, habillée d'une somptueuse toilette au goût du jour, tient son livre d'une manière qui semble dictée par la bienséance : comme si elle portait une tasse de thé à ses lèvres, elle le maintient avec quatre doigts seulement, le dernier étant légèrement écarté. Lire est désormais quelque chose de léger, de presque flottant : toute trace de l'exploration laborieuse d'un éventuel sens caché du texte a disparu. Le peintre a réussi à saisir les deux regards qui constituent l'instant de la lecture : un premier regard, attentivement fixé sur les lignes du livre, et cet autre regard qui flotte librement dans l'air, jusqu'à se perdre dans les sentiments et les rêveries que la lecture fait naître.

Jean-Honoré Fragonard (1732-1806)
Jeune Fille lisant, 1770
Washington, National Gallery of Art

Johann Ernst Heinsius

Lorsque Goethe arrive à Weimar, début novembre 1775, ce n'est guère que depuis deux mois que le gouvernement du grand-duché de SaxeWeimar est revenu entre les mains d'un homme : après la mort soudaine du grand-duc Ernst August Constantin, son épouse Anna Amalia avait assuré, pendant seize ans, la régence des affaires en attendant la majorité de son fils Carl August. À cet effet, il avait d'abord fallu que la jeune duchesse, devenue veuve à l'âge de dix-huit ans, obtînt de l'empereur en personne le décret de son émancipation.

Ce portrait de la régente âgée de trente-quatre ans a été réalisé en 1773 par son peintre de cabinet Johann Ernst Heinsius. Le livre que le modèle tient ouvert dans sa main gauche est le symbole d'une souveraine versée dans les arts, les sciences et les lettres, qu'elle sut encourager et soutenir, en mettant un accent particulier sur le culte du livre.

Anna Amalia a fait de la petite ville de Weimar un centre de rencontre intellectuelle, que le poète Wieland a qualifié d'« institution pour la promotion de la bonne humeur ». C'est elle également qui a ouvert au public l'accès de sa bibliothèque, célèbre dans le monde entier et qui porte désormais son nom. Entre 1761 et 1766, la duchesse fit transformer le « petit château vert », une ancienne résidence princière, en bibliothèque, avec une salle spécialement consacrée à la lecture. Cette salle rococo, dont les réserves historiques de livres, les tableaux, les cartes, les bustes et les globes étaient la manifestation éclatante de l'univers spirituel du classicisme de Weimar, est restée pratiquement intacte pendant plus de deux siècles, jusqu'à ce que, au soir du 2 septembre 2004, elle soit ravagée par un terrible incendie. Ce tableau, qui était accroché dans la bibliothèque Anna Amalia, a cependant pu être sauvé des flammes.

Johann Ernst Heinsius (1731-1794)
La Grande-Duchesse Anna Amalia, 1772-1775
Weimar, Stiftung Weimarer Klassik und Kunstsammlungen

Jean-Étienne Liotard

Saisi par la fièvre des voyages, le citoyen de Genève Jean-Étienne Liotard est l'un de ces artistes du XVIIIe siècle qui n'eurent de cesse d'aller de ville en ville et de cour en cour, uniquement soucieux de préserver leur liberté. Après avoir séjourné pendant cinq ans à Constantinople, l'actuelle Istanbul, Liotard prit l'habitude de porter des vêtements turcs, un bonnet de fourrure et une barbe qui lui descendait jusqu'à la ceinture, ce qui lui valut le surnom de « peintre turc » et se révéla extraordinairement propice à la vente de ses tableaux. Les dames dont il a brossé le portrait – et l'on compte parmi elles de nombreuses lectrices – sont elles aussi souvent habillées à la mode turque. L'artiste abandonna quant à lui son costume au bout de treize années, à l'occasion de son mariage. La force de la peinture aux tons pastel de Liotard est faite d'une combinaison d'enchantement ottoman et de beauté féminine.

Jean-Étienne Liotard (1702-1789)
Madame Adélaïde, 1753
Florence, galerie des Offices

Friedrich Heinrich Füger

Dans l'histoire de sa vie, Casanova utilise parfois de simples initiales pour désigner certaines de ses conquêtes. Au chapitre XLII de ses *Mémoires*, il décrit le présent que lui avait fait M. M., une religieuse : une tabatière en or par laquelle la belle offrait à son séducteur le loisir de la contempler sous deux jours différents. Si l'on détachait le fond de la tabatière dans le sens de la longueur, la femme apparaissait en religieuse ; mais en appuyant sur l'angle de la boîte, on actionnait l'ouverture d'un couvercle à charnière, qui la révélait entièrement nue, « dans la posture de la Madeleine du Corrège ».

C'est sans doute à Dresde que Casanova a vu ce tableau du peintre italien, réalisé vers 1520. Il représentait Marie Madeleine, la prostituée de l'Évangile de saint Luc, en train de lire dans un bosquet. Une douce lumière filtre à travers le feuillage. La jeune femme est allongée sur le ventre, sa tête en appui sur sa main droite. Le coude de son bras droit repose sur le livre de grand format qu'elle tient de sa main gauche, le bras étendu à même le sol. Les épaules, la gorge et les pieds du modèle sont dénudés. De toute évidence, ce mélange de recueillement et de sensualité a produit un effet considérable sur les âmes sensibles du XVIIIe siècle, comme en témoignent les innombrables copies et la profusion d'hymnes composés à cette époque à la gloire de cette œuvre entre-temps disparue, victime des destructions de la Seconde Guerre mondiale.

Une des copies du tableau fut réalisée par Friedrich Heinrich Füger, et ce jeune peintre n'aurait su rêver de meilleure lettre d'introduction dans la ville de Vienne, dont il allait devenir directeur de l'École des beaux-arts. Trente-cinq ans plus tard, Füger a peint sa propre version de Marie Madeleine en train de lire. Ici, et c'est la différence la plus frappante entre les deux œuvres, la sainte vient de lever les yeux de sa lecture et porte son regard, dans une sorte de langoureuse rêverie, en direction du spectateur. Même si les agréments du tableau de Füger ne parviennent pas à l'envoûtante sensualité du Corrège, sa Marie Madeleine ne resta pas sans exercer quelque charme : en 1809, ce tableau fut la première œuvre contemporaine acquise par le futur roi Louis Ier de Bavière, qui en fit donc la première pierre de sa collection de la Neue Pinakothek de Munich. Et tout comme Casanova, Louis Ier, on le sait, était grand amateur de femmes.

Friedrich Heinrich Füger (1751-1818)
Sainte Marie Madeleine en pénitence, 1808
Munich, Neue Pinakothek

Heures de ravissement

Lectrices sentimentales

Introduit en 1768 par Lessing dans la sphère linguistique allemande pour traduire le qualificatif anglais « sentimental », l'adjectif allemand *empfindsam* devint rapidement un mot clé pour désigner les nouvelles formes bourgeoises de développement et d'intensification de la vie des sentiments. La lecture acquit une place centrale dans le culte de la sensibilité de l'individu : lire signifiait désormais s'identifier aux sensations qu'un autre que soi avait confiées au papier et, du même coup, explorer et élargir l'horizon de ses propres possibilités d'éprouver et de ressentir.

Franz Eybl

Cette jeune femme est totalement captivée par sa lecture. Sans qu'elle s'en soit aperçue, son vêtement a glissé de son épaule. Elle presse sa main droite contre sa poitrine, en jouant avec le fin collier qui la pare. Le livre semble lui couper le souffle – est-ce parce que l'histoire est si palpitante qu'elle veut absolument en connaître la suite ? Peut-être, mais c'est surtout parce que la lecture stimule et accroît ses facultés d'identification et d'empathie. Cette excitation intérieure se reflète jusque dans l'agitation tangible de la tranche du livre : les pages déjà feuilletées ne reposent plus exactement les unes sur les autres et les petits interstices qui les séparent s'offrent au jeu de la lumière.

Le tableau tient son charme de la représentation du mouvement intérieur, alors que tout y demeure apparemment impassible. Son auteur, Franz Eybl, qui de toute sa vie ne quitta pas une seule fois sa ville natale de Vienne, était essentiellement réputé, dans les cercles de la société viennoise, comme portraitiste et peintre de genre. Il avait un goût marqué pour les idylles de la vie quotidienne de l'époque Biedermeier. Aussi ses œuvres nous montrent-elles moins des actions que des états de la vie secrète des individus, dont la représentation devient le nouveau grand défi de la peinture au XIXe siècle. Nous voyons ici une jeune femme qui est happée par la lecture. Ses pensées semblent aussi candides que son visage est ingénu et charmant.

Franz Eybl (1806-1880)
Jeune Fille lisant, 1850
Vienne, Österreichische Belvedere

Gustav Adolph Hennig

Ce tableau d'Adolph Hennig, peintre néoclassique de Leipzig, a servi d'illustration de couverture à l'édition allemande d'*Une histoire de la lecture* d'Alberto Manguel. Il frappe par sa sobriété, qui lui confère en même temps une indéniable touche de modernité. Le fond monochrome du tableau soustrait la lectrice à tout référent social, culturel ou religieux qui pourrait nous révéler quelque chose de ses origines et de ses motivations. Le noir de la chevelure, strictement soumise à l'ordonnance d'une coiffure androgyne, se reflète dans la reliure de l'ouvrage que la jeune femme tient à hauteur de sa poitrine. Même si le regard humblement baissé du modèle et son attitude font immédiatement penser à un livre de prières, il semble pourtant qu'il s'agisse moins ici d'un livre en particulier que de son abstraction même, tant il est peint de manière purement suggestive. Prenant appui sur les genoux repliés, les mains disposées en croix expriment un trouble intense, qui trouve un écho dans la délicatesse des traits du visage de la jeune fille et dans la minceur de ses lèvres, qu'elle tient pressées l'une contre l'autre. En dépit de la puissance expressive de sa couleur, l'ample vêtement de la lectrice, avec son échancrure géométrique et le rendu seulement suggéré de son drapé, est d'une absolue sobriété et ne laisse rien deviner du corps féminin qu'il dissimule. Toute référence extérieure et tout mouvement se suspendent ici dans une attitude de renoncement et de repli vers l'intime. Face à la profusion baroque des motifs et des thèmes que déploie l'ouvrage de Manguel, on pourrait penser que le choix est malvenu d'en illustrer la couverture par une figure aussi ascétique et aussi austère. Or, s'il en émane incontestablement de la séduction, c'est précisément en raison de son intériorité et de son absence au monde – comme si tous les désirs de retraite qui peuvent animer des lectrices et des lecteurs à la sensibilité aiguisée étaient ici sous bonne garde.

Gustav Adolph Hennig (1797-1869)
Jeune Fille lisant, 1828
Leipzig, Museum der bildenden Künste

Carl Christian Constantin Hansen

Les enfants et les adolescents qui peuplent bon nombre de toiles du peintre danois Constantin Hansen sont souvent représentés les yeux grands ouverts sur le monde, comme si quelque chose d'insaisissable les plongeait dans l'étonnement et la surprise. Dans ce tableau qui les montre pourtant les yeux baissés, en train de lire en silence le même livre, les deux sœurs de l'artiste semblent elles aussi saisies d'un sentiment analogue. La plus jeune s'agrippe à l'épaule de son aînée – comme pour se rapprocher du livre, tout en se ménageant la possibilité de s'en tenir encore à une distance rassurante.

Carl Christian Constantin Hansen (1804-1880)
Les Sœurs de l'artiste, 1826
Copenhague, Statens Museum for Kunst

Sir Lawrence Alma-Tadema

Farouches, presque craintives, l'une égarée dans ses rêves, l'autre pleine d'assurance et de curiosité – c'est ainsi que Lawrence Alma-Tadema, peintre de tableaux d'histoire antiquisants, a représenté les deux filles de son premier mariage, Laurense et Anna. L'artiste a offert ce double portrait à sa seconde femme, la belle-mère des deux enfants. Le tableau, qui a en effet toute l'apparence d'une présentation en bonne et due forme, semble s'adresser directement au spectateur: «Nous voici!» Il montre les deux petites filles dans le coin qui leur est réservé dans la maison paternelle, et rien d'autre ne nous renseigne sur ce qu'était leur vie. Leur refuge personnel au sein du monde des adultes, elles le tiennent étroitement serré contre leur corps: leur livre.

Sir Lawrence Alma-Tadema (1836–1912)
Notre coin (Portrait d'Anna et de Laurense Alma-Tadema), 1873
Amsterdam, Rijksmuseum

Anton Ebert

L'image de la femme que le XIXe siècle nous a laissée est celle d'une missionnaire du sentiment. Le lieu où elle sème et cultive les tendres plantes de la sensibilité, de l'humanité et de la compassion, c'est la cellule familiale. Il est rare que la femme quitte l'intimité de cette cellule pour déployer la bannière du sentiment jusque dans le monde extérieur, dans la dure réalité où il revient presque exclusivement à l'homme d'œuvrer et d'agir. En règle générale, c'est à l'abri du toit familial que la femme tient son rôle de protectrice et de foyer dispensant aux siens sa chaleur. C'est contre son sein que les petits enfants développent une conception de l'existence qui leur assure réconfort et asile, en leur donnant l'intuition de ce quela vie pourrait continuer d'être si les principes d'efficacité et de réalité ne se mettaient pas ensuite à régner sans partage, dès qu'ils auront quitté le jardin enchanté de l'enfance.

Dans ses tableaux de genre, le peintre Anton Ebert, qui fut très prisé de son vivant par un public bourgeois, s'est essentiellement appliqué à fixer les moments idylliques de la vie de famille. Il eût été impensable d'introduire le père dans l'union intime de la mère et de ses enfants, et de le glisser à leurs côtés dans le lit. Pourtant, contrairement à ce qu'indique erronément le titre du tableau, la mère n'est pas en train de lire à ses enfants une histoire pour les endormir. Avec des yeux qui brillent d'attention et de curiosité, le trio est au contraire plongé dans la contemplation d'un magazine, sans doute étranger, qui leur fait voir une image du monde extérieur à la cellule familiale protégée, un monde qui est peut-être situé, qui sait, au-delà de cette rationalité dont le père absent est l'incarnation et le garant.

Anton Ebert (1845-1896)
Lecture du soir, 1883
Collection particulière

A. Feuerbach.

Anselm Feuerbach

Sur le chemin ardu qui lui fait traverser l'Enfer de *La Divine Comédie*, Dante rencontre le couple formé par Francesca da Rimini et Paolo Malatesta. Les deux amants s'étaient rendus coupables d'adultère, ils avaient été surpris en flagrant délit par l'époux mal-aimé de Francesca, qui les avait tués sur-le-champ. Jusque dans l'Enfer, leur désir n'a pourtant rien perdu de sa flamme et Francesca raconte à Dante comment les choses se sont passées : « Nous lisions un jour par agrément de Lancelot, comment amour le prit : nous étions seuls et sans aucun soupçon. Plusieurs fois la lecture nous fit lever les yeux et décolora nos visages ; mais un seul point fut ce qui nous vainquit. Lorsque nous vîmes le rire désiré être baisé par tel amant, celui-ci, qui jamais plus ne sera loin de moi, me baisa la bouche tout tremblant. [...] Ce jour-là nous ne lûmes pas plus avant. » Au moment où l'on redécouvrit Dante au XVIIIe siècle, cette scène fameuse fut également reprise par la peinture. Ce qu'on aimait le plus à représenter, c'était le point culminant et dramatique de l'histoire, qui en implique les trois acteurs : le baiser des amants, tandis que le mari trompé, déjà assoiffé de sang, épie le couple à l'arrière-plan. Or, il n'y a rien de tout cela dans le tableau de Feuerbach : ce qu'il montre – si l'on en croit tout au moins l'avis des spectateurs de l'époque –, ce sont les deux amants absorbés en silence dans leur lecture commune du roman de chevalerie, leur affinité dans l'harmonie, la quiétude et la contemplation. Mais si l'on regarde plus précisément les choses, avec l'œil averti d'un spectateur d'aujourd'hui, on est forcé de constater que Paolo, loin d'être abîmé dans la lecture, est en train de se livrer, avec ses bras et ses jambes, à une tentative d'approche. Francesca interrompt de son côté sa lecture et ne tardera guère, selon toute vraisemblance, à se tourner vers celui qu'elle aime. Éros a déjà accompli son œuvre, et le plaisir s'apprête à triompher de la sensibilité.

Anselm Feuerbach (1829-1880)
Paolo et Francesca, 1864
Munich, Schack-Galerie

La quête de soi

Lectrices passionnées

Victimes de leur passion, lectrices et lecteurs ne sont que trop enclins à succomber à la tentation de confondre la vie et la lecture. Flaubert ira même jusqu'à faire mourir sa pauvre Madame Bovary de cette confusion : Emma n'est pas seulement la proie de mauvais livres, où le kitsch le dispute au mensonge, elle est surtout le jouet d'une auto-illusion qui lui fait tenir ce qu'elle lit pour parole prophétique – comme si la vérité était une nourriture que d'autres nous préparent et qu'il nous suffirait de prendre sur l'étagère pour nous en repaître. Lire est une initiation et un encouragement à la vie, mais confondre la lecture avec la vie elle-même, c'est lui ôter tout pouvoir thérapeutique et faire d'une passion une source de souffrance.

Sir Edward Burne-Jones

Au moment où Burne-Jones, peintre et graveur appartenant au cercle des symbolistes anglais, entame ce tableau de Katie Lewis étendue sur un sofa et plongée dans la lecture, elle n'a que quatre ans. Elle en a huit quand l'artiste met la dernière touche à son œuvre. Katie était la fille cadette du célèbre avocat George Lewis, ami intime du peintre et défenseur d'artistes aussi éminents que John Singer Sargent, Oscar Wilde, Lawrence Alma-Tadema et James McNeill Whistler. Burne-Jones, dont les propres enfants étaient déjà grands, submergeait la charmante et délurée petite Katie de lettres illustrées dans lesquelles il lui racontait des histoires amusantes, en s'abandonnant à toutes sortes d'espiègleries enfantines.

Confortablement vautrée sur un divan, les cheveux en désordre, manches retroussées, complètement absorbée par sa lecture : le tableau nous montre la jeune fille sous les traits d'une lectrice passionnée. L'histoire qui la tient en haleine, pour l'instant tout au moins, n'est pas une de ces quelconques lectures de petite fille, adaptées à son âge, mais la légende romantique et sanglante de saint Georges qui affronta et terrassa le dragon. C'était l'une des histoires préférées de Burne-Jones, qui en a tiré plusieurs tableaux. Et Katie ne se contente pas de lire des histoires de chevaliers, elle donne l'impression d'être elle-même un personnage de ces temps lointains. Enfoncée dans son divan, elle ressemble à un jeune écuyer du Moyen Âge.

Sir Edward Burne-Jones (1833-1898)
Portrait de Katie Lewis, 1886
Londres, Mallett Gallery

Ramón Casas y Carbo

Influencé par Manet, Whistler et Degas, le peintre et dessinateur catalan Casas y Carbo n'a pas seulement peint des tableaux qui le désignent comme le chroniqueur attentif de son temps ; il a également créé de très nombreuses réclames et affiches publicitaires. Casas aimait voyager, et séjourna notamment à Cuba et aux États-Unis. À Barcelone, il fut l'un des fondateurs d'un atelier d'artistes, qui ne tarda guère à attirer toute l'avant-garde de la ville.

La pose de la jeune femme qu'on voit ici effondrée sur un divan, épuisée par les efforts et les plaisirs de la danse, tenant dans sa main droite un petit livre ou un carnet abîmé par l'usage qu'elle vient sans doute de feuilleter pour se détendre, Casas l'a également utilisée sur une affiche pour l'hebdomadaire *Pél & Ploma*, dont il était l'illustrateur. Le critique d'art Miguel Utrillo était le rédacteur en chef de cette revue, qui parut de juin 1899 à novembre 1903. Sur une autre affiche conçue pour *Pél & Ploma*, on voit une jeune dame pimpante, à l'air entreprenant, enveloppée dans un immense châle de couleur rose et tenant à la main une lettre qu'elle est en train de lire.

Ces deux variations sur un même thème font apparaître la lecture comme une sorte d'amuse-gueule entre les grands repas que nous sert l'existence. Comme le savent les grands artistes qui connaissent la vie, on aurait tort de passer son temps à en attendre les grandes mises en scène : c'est souvent dans les courts intermèdes que l'existence peut inopinément nous offrir un supplément de goût et de sens, moments où l'on éprouve soudain, avec une acuité piquante, la sensation et le mouvement de la vie.

Ramón Casas y Carbo (1866-1932)
Après le bal, 1895
Montserrat (Catalogne), Museo de la Abadia

HENNER

Jean-Jacques Henner

Au cours d'un séjour de cinq ans à la Villa Médicis de Rome, le peintre alsacien Jean-Jacques Henner perfectionna son art, inspiré du Corrège, de créer une atmosphère idyllique en réunissant un paysage idéal (dans l'exemple que nous présentons ici, il est seulement suggéré) et une figure féminine généralement dénudée. Ce tableau d'une lectrice renvoie, on ne saurait s'y tromper, au motif de Marie Madeleine, tel que le Corrège, notamment, l'avait traité. Pourtant, toute allusion à l'iconographie chrétienne et à l'arsenal de significations auquel elle réfère en a été évacuée. Chez Henner, la peinture se transforme plutôt en production de série : l'artiste exploite le goût de son temps en réalisant des variations toujours nouvelles d'un sujet classique, qu'il a soin de remodeler et d'adapter à la sensibilité d'un public bourgeois.

Jean-Jacques Henner (1829-1905)
La Lectrice, vers 1880-1890
Paris, musée d'Orsay

Édouard Manet

«La lecture» – tel est le titre du tableau de Manet – peut aussi bien désigner l'activité de lire en silence et pour soi que celle d'écouter quelqu'un d'autre qui lit pour vous un livre à voix haute. Au fil des siècles, cette pratique n'a cessé de voir son importance se réduire comme peau de chagrin. Manet a peint ce portrait de son épouse Suzanne toute de blanc vêtue en 1885, mais ce n'est en réalité que plusieurs années après qu'il y a rajouté la figure de leur fils putatif Léon Koelin-Leenhoff, en opérant du même coup une rupture dans la tonalité blanche qui dominait l'arrière-plan du tableau. La voix du fils faisant la lecture à sa mère lui parvient, pour ainsi dire, d'un espace hors champ, sans qu'aucune autre relation relie les deux personnages.

Édouard Manet (1832-1883)
La Lecture, 1868
Paris, musée d'Orsay

James Jacques Tissot

L'habitude de faire aux enfants la lecture à voix haute a perduré longtemps. Ici pourtant, le peintre perturbe l'idylle d'une heure délicieuse de lecture sous l'épais feuillage d'un arbre en l'émaillant de nombreux points d'interrogation. La toison d'un animal sauvage à laquelle s'agrippe la petite fille trouve son écho dans le sombre bassin creusé au fond du jardin. C'est comme si la dimension d'effroi qui traverse tant d'histoires enfantines soi-disant innocentes s'était emparée du paysage. Le calme lui-même peut être inquiétant. Tissot a utilisé à plusieurs reprises un motif analogue. Sur un autre tableau du même genre, l'enfant est captivé par la lecture et non distrait, comme ici, par quelque chose que nous ne voyons pas.

James Jacques Tissot (1836-1902)
Quiétude, non daté
Collection particulière

James Abbott McNeill Whistler

Né aux États-Unis, travaillant à Londres et se sentant parisien, le peintre et graveur Whistler avait l'habitude de donner à ses tableaux un titre reflétant leur tonalité dominante : *Nocturne. Bleu et or : Valparaiso*, *Arrangement en gris et noir n° 1 : Portrait de la mère de l'artiste*, ou encore *Venise en turquoise*, *Amsterdam en topaze*, *Bretagne en opale*. À propos de ces dernières œuvres, Marcel Proust a écrit qu'elles l'avaient mis dans un état de nervosité indescriptible et que ni Degas ni Manet ne l'avaient jamais autant bouleversé. Whistler trouvait lui-même les impressionnistes trop réalistes. Il estimait que les symbolistes étaient plus modernes.

En revanche, l'artiste a doté ses nombreuses gravures à la pointe-sèche de titres assez prosaïques. *Lecture sous la lampe* montre une jeune femme de profil, en train de lire à la lumière d'une lampe à pétrole, une tasse de thé ou de café à portée de sa main, tenant avec angoisse son livre tout contre son visage. Si l'on considère que la lampe produit apparemment assez de lumière pour lire, la seule hypothèse qu'on puisse avancer est que la jeune femme souffre d'une forte myopie. Mais peut-être est-elle simplement très concentrée, au point de ne pouvoir admettre, entre elle et le livre, qu'une distance minimale. La lectrice et son livre fusionnent, en annulant l'espace qui devrait les séparer. Une chaise confortable, de la lumière et une lecture captivante suffisent au modeste bonheur de cette jeune femme.

James Abbott McNeill Whistler (1834-1903)
Lecture sous la lampe, 1858
Londres, The Fine Art Society

Charles Burton Barber

Le sport et les animaux – notamment des poules et des canards, mais surtout des chiens, entres autres les chiens favoris de la reine Victoria – ont été les thèmes de prédilection du peintre Charles Burton Barber. La tasse de thé à la droite du tableau, vraisemblablement en porcelaine chinoise, rappelle sans doute que le carlin est une race canine d'origine chinoise. C'est à l'époque où les chinoiseries avaient les faveurs de la mode que ce petit animal fut introduit dans les maisons bourgeoises. Il ne tarda pas à devenir un animal d'agrément très prisé, surtout par les dames seules. Sur ce tableau, le carlin est représenté en compagnie d'une belle jeune femme, apparemment tout à fait consciente de ses charmes.

Charles Burton Barber (1845-1894)
Jeune Fille au carlin en train de lire, 1879
Collection particulière

Lovis Corinth

Après un séjour d'étude de plusieurs années à Paris, où il n'eut pourtant pas le loisir de fréquenter assidûment les impressionnistes, Corinth s'installa à Berlin durant l'hiver 1887-1888. Là, il prit son nom d'artiste, « Lovis », et il exécuta son premier autoportrait, encore presque à la manière des vieux maîtres, ainsi que ce beau tableau d'une jeune femme en train de lire, qui séduit par son angle de vue inhabituel, de trois quarts dos, qu'on désigne par la jolie expression de « profil perdu ».

Lovis Corinth (1858-1925)
Jeune Fille lisant, 1888
Collection particulière

Théodore Roussel

Lorsqu'en 1887 le peintre français Théodore Roussel présenta à Londres – sa nouvelle patrie d'élection – *The Reading Girl*, un grand format de près de 2,5 mètres carrés, le critique du très conservateur *Spectator* s'indigna de « l'arbitraire sans vergogne » avec lequel l'artiste s'était emparé d'un beau thème. C'est surtout la banalité du sujet qui déclencha l'ire du journaliste, dont elle heurtait les goûts idéalistes : outre qu'elle n'a pas la grâce d'une Vénus – ce qui aurait pu, le cas échéant, légitimer sa nudité et l'élever à un rang mythologique –, la jeune femme n'est même pas en train de lire un livre convenable : ce que le modèle tient avec une sorte d'indifférence au-dessus de son sexe, rendu ainsi invisible et placé au centre exact du tableau, c'est un magazine, avec ses colonnes de ragots et ses histoires illustrées. Nous sommes arrivés à l'ère des médias et nous faisons ici la connaissance d'une de leurs toutes premières destinataires – détendue et sans passion, presque déjà un peu ennuyée.

Le scandale déclenché par le tableau de Roussel avait sa source dans une provocation calculée. Comme ses contemporains ne tardèrent pas à le remarquer, Roussel se référait explicitement à l'*Olympia* de Manet, qu'une bonne vingtaine d'années auparavant deux gardiens avaient dû défendre contre les coups de canne des spectateurs furibonds. La toile de Roussel nous fait voir une prostituée qui attend la venue d'un client. Si Roussel est parvenu à dépasser le grand Manet, ce n'est certes pas en matière de scandale, mais sur le plan de la banalité. Car plutôt que de nous suggérer une quelconque histoire, il ne fait que nous montrer son modèle de dix-neuf ans, en train de poser nonchalamment pour lui. Le seul élément qui ajoute un peu d'exotisme à la composition, c'est le kimono disposé sur le dossier du fauteuil, avec son drapé qui retombe joliment jusqu'au sol. Dans un instant, le peintre va se mettre au travail et ce qu'il pourra présenter au Salon, c'est un nu grandeur nature qui saura renverser, plus radicalement encore que l'*Olympia* de Manet, le principe de l'« art pour l'art ».

Théodore Roussel (1847-1926)
Jeune Fille lisant, 1886-1887
Londres, Tate Gallery

Julia Margaret Cameron

Mère de six enfants, Julia Margaret Cameron s'est mise à la photographie à l'âge de quarante-neuf ans. L'une de ses filles lui avait offert un appareil en lui disant : « Cela t'amusera peut-être d'essayer de faire de la photographie à tes heures perdues... » Quoique les « heures perdues » aient certainement été fort rares, le passe-temps ne tarda pas à se transformer en grand art. Dans ses Mémoires, Julia Margaret Cameron rapporte avoir eu l'intuition qu'elle révolutionnerait la photographie et que cela lui rapporterait même de l'argent.

Pour elle, il était établi que la photographie – comme la peinture – est à la recherche du beau. Ainsi a-t-elle développé un art photographique du portrait dans le style très symboliste et littéraire des préraphaélites, qui était alors au goût du jour. Dans ses mises en scène raffinées, la photographe reprend des scènes mythologiques ou bibliques du théâtre ou des beaux-arts. Par ailleurs, elle a su créer un art très expressif du portrait. Plus que tout, c'est la plasticité des images qui lui importait dans ce domaine. Ce que ses contemporains ne pouvaient admettre d'un point de vue technique – sur ses photographies, seule une partie de l'image apparaît avec netteté, le reste étant légèrement flou – lui a servi de moyen d'expression pour atteindre à une densité dramatique et à une représentation très subtile des sentiments.

La femme qu'on voit ici en train de lire une lettre, c'est Alice Liddell, à l'âge de dix-huit ans – bien des années après que le mathématicien Charles Lutwidge Dodgson, lors d'une promenade en barque sur la Tamise quand elle avait six ans, lui eut raconté, à elle et à ses sœurs, de fabuleuses histoires dont l'héroïne ne se prénommait pas Alice par hasard. Plus tard, Dodgson allait devenir universellement célèbre en publiant, sous le pseudonyme de Lewis Carroll, ses contes d'*Alice au pays des merveilles.*

Julia Margaret Cameron (1815-1879)
Alice Liddell, 1870
Île de Wight, Julia Margaret Cameron Trust, Freshwater Bay

Vincent Van Gogh

À Arles, Vincent Van Gogh avait l'habitude de fréquenter le Café de la Gare tenu par Joseph Ginoux. C'est la femme du tenancier qui a servi de modèle à ce portrait, que le peintre a « torché » en trois quarts d'heure, raconte Van Gogh à son frère Théo.

Comme Chardin, Füger et d'autres, Van Gogh n'a que faire du processus même de la lecture. Ce qui lui importe de saisir, c'est son effet après coup, lorsque les yeux de la lectrice se sont détachés de la page et que la vibration de ce qu'elle vient de lire résonne et se perpétue dans ses pensées. Mais, à la différence de ce qu'on voit chez Chardin, chez Füger et aussi, plus tard, chez Vallotton, la lectrice de Van Gogh détourne son regard du spectateur pour le laisser vaguer au loin, vers un horizon indéterminé. En outre, sa tête en appui sur son bras fait d'elle une figure de la mélancolie.

Comme toutes les activités de l'esprit, le phénomène de la lecture se soustrait à toute forme de représentation naturaliste. Tout ce que le peintre peut faire, c'est nous montrer une personne dont le regard et la posture nous suggèrent qu'elle est en train de lire. À ce titre, on peut supposer que la lecture est un phénomène autonome – comme si, dans cette quête de la vérité, il suffisait de se mettre à lire pour que le but soit d'emblée atteint. L'Arlésienne de Van Gogh semble pourtant vouloir contredire cette opinion admise : lire des livres, nous dit peut-être cette femme simple, assez âgée, à l'humeur sombre, est une activité qui se situe au seuil de la vie spirituelle, elle nous y conduit, mais elle ne saurait en être elle-même le but.

Sans leur palette souvent surprenante, les portraits de Van Gogh n'auraient pas ce caractère de révélation dont ils nous frappent à chaque fois qu'on les regarde. Ici, le jaune presque criard du fond assombrit la figure, tout en la faisant surgir dans un halo de lumière. À ce propos, Van Gogh a indiqué qu'il entendait donner à l'être humain – homme ou femme – un « charme d'éternité » : ce que les peintres symbolisaient autrefois par la figure d'une auréole, il a tenté de le recréer par « l'éclat et la vibration des couleurs ».

Vincent Van Gogh (1853-1890)
L'Arlésienne (*Madame Ginoux*), 1888
New York, Metropolitan Museum of Art

Peter Severin Kroyer

Après plusieurs séjours à Paris, en Espagne et en Italie, le peintre norvégien Peter Severin Kroyer s'installa dans la colonie d'artistes de Skagen, au Danemark. C'est là qu'ont vu le jour, pendant les brefs étés scandinaves, de nombreuses toiles peintes dans le jardin de la maison. On y voit assez souvent Marie Kroyer, son épouse. L'artiste a même consacré une de ses œuvres aux deux chaises longues qu'on aperçoit ici au second plan du tableau. Marie est assise sur celle de gauche, lisant paresseusement un journal, tandis que la chaise de droite est demeurée inoccupée, en attendant sans doute que le peintre revienne s'étendre au côté de son épouse chérie, une fois achevé son travail sur le motif. Nous sentons l'influence des impressionnistes qui aimaient tant peindre à l'extérieur et représenter leur sujet en plein air. Lire dans la nature, sous le soleil estival, était certainement un plaisir sans égal pour ces habitants du Nord qu'accablent des hivers sans fin.

Peter Severin Kroyer (1851-1909)
Roseraie (*La Femme du peintre dans son jardin de Skagen*), 1893
Londres, The Fine Art Society

Vittorio Matteo Corcos

Des jeunes femmes au regard rêveur, égarées dans leurs pensées, souvent placées dans un monde interlope – telle a été, dans les années 1880 et 1890, la spécialité du peintre florentin Vittorio Matteo Corcos. Corcos avait étudié durant quatre ans à Paris, où il avait connu les ambiguïtés de la Belle Époque. Les trois livres jaunes de la célèbre collection des classiques Garnier empilés sur le banc à côté de la jeune femme en sont une réminiscence.

Les feuilles mortes dispersées sur le sol ainsi que les accessoires estivaux, chapeau de paille et ombrelle, abandonnés sur le banc auprès des livres suggèrent l'un des thèmes essentiels de cette composition : la fugacité de l'existence. L'automne suit l'été. Mais est-ce bien là le sujet autour duquel gravitent les pensées de la jeune femme ? Parmi les feuilles jaunies, on aperçoit des pétales de rose. Ils sont tombés de la fleur et les livres semblent à leur tour sur le point de glisser du banc. La rose – et la rose rouge plus spécialement – est un symbole de l'amour. Elle paraît elle aussi fanée, flétrie, morte. Mais la rose est également un symbole de l'innocence : dans de nombreuses régions d'Europe, la fiancée la jetait traditionnellement dans une rivière au matin de ses noces, en prenant ainsi symboliquement congé de son âge de jeune fille.

Tel pourrait donc être le sujet du tableau : l'été, qui est sur le point de tirer sa révérence, a fait d'une jeune fille une femme désormais consciente d'elle-même. La lecture y a peut-être contribué, et la rose semble avoir servi de marque-page. La manière énergique et presque mutine avec laquelle le modèle tient la tête redressée montre en tout cas une chose : la nostalgie d'un retour à l'état d'innocence n'est pas son affaire. Le titre du tableau est trompeur : cette lectrice n'est point une rêveuse.

Vittorio Matteo Corcos (1859–1933)
Rêves, 1896
Rome, Galleria Nazionale d'Arte Moderna

Petites échappées
Lectrices solitaires

Au XXe siècle, le livre devient un produit de masse. Jamais auparavant il n'y a eu autant de livres, ni à si bas prix. À cet égard, ce siècle aurait dû devenir l'âge d'or de la lecture. Au contraire, on est forcé d'établir un bilan désenchanté : le livre n'a cessé de voir son importance se réduire au profit de la presse écrite, du cinéma, de la radio, de la télévision et, en dernier lieu, des outils informatiques. Mais à dire vrai, ce constat s'applique surtout à la gent masculine. Les femmes lisent davantage, et elles ont tendance, du fait d'habitudes sociales et culturelles historiquement différentes, à chercher dans les livres des réponses à des questions vitales essentielles. La grande passion se décline désormais en petites échappées.

Jessie Marion King

Le style Art nouveau, issu des arts décoratifs, a connu son apogée au début du xxe siècle. En plein âge industriel, des artistes de toute l'Europe se mettent à créer de nouveaux paradis. Ils enchantent de leurs ornements les objets de la vie quotidienne. L'ère du design est née. La « grammaire magique », pour laquelle l'illustratrice et décoratrice Jessie M. King a réalisé ce dessin, et qu'elle glisse ici entre les mains d'une ingénue, est un art de la métamorphose : l'artiste accole deux roses de la célèbre variété Mackintosh pour former un cœur, puis les cœurs se transforment en jeunes filles, les jeunes filles en papillons et les papillons en formules magiques.

Jessie Marion King (1876-1949)
La Grammaire magique, vers 1900

Heinrich Vogeler

La colonie artistique de Worpswede, en Allemagne, avait été fondée dans l'esprit de l'Art nouveau. Le peintre et illustrateur Heinrich Vogeler y transforma une ancienne ferme – le Barkenhoff – en un bâtiment Art nouveau qui devint bientôt le foyer du mouvement. Politisé par l'expérience de la Première Guerre mondiale, Vogeler y construira par la suite une école professionnelle communiste, avant d'émigrer définitivement en URSS. Des éléments de son futur style réaliste objectif apparaissent déjà dans ce dessin de 1905, représentant sa femme Martha, sans qu'aucune charge idéologique ne vienne cependant en alourdir le trait.

Heinrich Vogeler (1872-1942)
Martha Vogeler, vers 1905

Carl Larsson (1853-1919)
Karin lisant, 1904
Mora (Suède), Zornsamlingarna

Carl Larsson

On peut également associer le peintre suédois Carl Larsson au mouvement réformateur de l'Art nouveau, qui entendait établir une nouvelle esthétique de vie. Sur ses feuilles illustrées, dans un univers de formes où tout est dessiné jusqu'au moindre détail, il condense la vie quotidienne de sa famille de sept enfants dans une maison à la campagne. Elles l'ont rendu célèbre bien au-delà des frontières de son pays natal. L'idylle d'une existence préservée de l'agitation continuelle de la grande ville saute aux yeux d'un spectateur d'aujourd'hui. Cependant, en tenant ces sortes de journaux illustrés, Larsson poursuivait un but beaucoup plus ambitieux : il voulait libérer l'homme et son habitat du carcan dans lequel le XIXe siècle les avait engoncés et que l'on continuait à encombrer par des imitations de style. Bien avant les tentatives des avant-gardes des années 1920, Larsson a propagé le modèle d'une maison bon marché, ouverte sur l'extérieur, qui sache rendre la vie en commun plus agréable et plus légère et où l'on puisse vivre en accord avec un sentiment avide de lumière, d'espace, de mouvement et de communication. Larsson était pourtant un conservateur : pour lui, le monde rural et sa culture constituaient toujours le fondement de la nation suédoise. Après la Seconde Guerre mondiale, les Suédois ne furent cependant pas les seuls à découvrir que l'idéal larssonien d'un habitat sans prétention, voué à la vie familiale, fait de pièces claires et meublées avec économie, correspondait exactement aux conditions et aux besoins – pas du tout ruraux – de la vie moderne. C'est d'ailleurs en suivant un modèle de ce genre qu'IKEA a conquis le marché mondial de la décoration d'intérieur.

Nous voyons ici Karin, l'épouse du peintre, dont les talents de décoratrice ont pris une part décisive à la définition de la nouvelle manière d'habiter proposée par Larsson. Elle est assise dans la salle à manger de leur première maison, *Lilla Hyttnäs*. L'éclairage électrique d'une lampe dont l'abat-jour reproduit l'ordonnance des fleurs de cactus fournit suffisamment de lumière pour lire confortablement. Le profil d'une femme goûtant un peu de détente dans la lecture après une journée de travail trouve son pendant Art nouveau dans le portrait de Karin qu'on aperçoit sur la vitre du dressoir.

August Sander

Fixer « le visage de l'époque » à travers les portraits photographiques d'hommes et de femmes représentant un corps de métier, une tranche d'âge ou même des caractères nationaux, tel a été l'objectif de maints projets photographiques ambitieux à la charnière des années 1920 et 1930. Dans son grand œuvre de photographie comparée – qui ne fut jamais publié intégralement de son vivant –, August Sander avait lui aussi choisi, dès le début du siècle, d'utiliser le portrait. En répartissant les divers types d'individus selon la place et le rang qu'ils occupent dans la société, Sander cherchait à donner une image globale de l'humanité qui composait l'univers allemand de son temps. Toutes ses photographies nous montrent un type social, en pied ou à mi-corps, vêtu de ses habits de travail. Par-delà la division, déjà obsolète à l'époque, de la société en catégories et statuts professionnels, les portraits que Sander réalise de ses contemporains sont des réussites impressionnantes. Leur pouvoir d'expression est d'autant plus grand qu'ils dépassent le caractère social anonyme que le photographe avait pourtant voulu retenir.

Comme il se doit, ce sont surtout chez les gens de lettres et parmi les enseignants qu'on trouve livres et écrits divers, ainsi que ceux qui les lisent. Le livre redevient ici le symbole de l'appartenance à un certain niveau d'éducation. C'est à August Sander qu'on doit la célèbre formule : « En photographie, il n'y a pas d'ombres inexpliquées. »

August Sander (1892-1952)
Institutrice, Linz-sur-le-Danube, vers 1904

Vilhelm Hammershoi

En 1898, le peintre danois Vilhelm Hammershoi, qui avait épousé la sœur de son camarade d'études Peter Ilsted (cf. p. 117), s'acheta un vaste appartement au premier étage d'une maison du XVIIe siècle, Strandgade 30, à Copenhague. Avant de s'y installer, le couple en fit repeindre en blanc uni les portes, les fenêtres, les lambris et les baguettes d'ornement, tandis que les murs et les plafonds de couleur furent recouverts d'une couche de gris. Désormais, ces pièces sommairement meublées allaient servir à leur propriétaire de laboratoire et d'espace d'exposition d'une peinture d'intérieur aussi surprenante qu'énigmatique.

Cet *Intérieur avec une femme lisant une lettre* est l'une des premières toiles réalisées dans ces lieux. On est immédiatement tenté d'y reconnaître un renversement en miroir de *La Femme en bleu* de Vermeer (cf. p. 57). Au lieu d'avoir son visage tourné vers la fenêtre, la lectricc de Hammershoi se tient devant une porte qui s'ouvre sur la pièce voisine. Et à la place d'une carte géographique, qui produit chez Vermeer une seconde allusion au monde extérieur, c'est une autre porte, fermée celle-ci, qu'on aperçoit derrière la jeune femme que l'artiste représente de profil, comme l'avait déjà fait son prédécesseur de Delft. Derrière cette porte, une œuvre ultérieure montrera que c'est la même constellation qui se répète : une pièce avec deux portes, dont l'une est ouverte. Ici, tout indice qui pourrait inscrire la lettre et sa lectrice dans le contexte d'une histoire a été gommé du tableau. Pas plus que les objets, les hommes et leurs activités ne parviennent à occuper l'espace. Le temps ne retient pas son souffle pour un instant d'intimité, il s'est arrêté pour toujours. Même la lettre semble venir de nulle part – elle fait penser elle aussi à une porte qui n'ouvrirait que sur elle-même.

Par ces échappées, toute fuite – fût-ce sur les ailes imaginaires de la lecture – est condamnée d'avance à l'échec. La peinture d'intérieur de Hammershoi nous offre le paradoxe d'une peinture de genre dépourvue de genre. Quand il n'y a plus rien à raconter, même une lectrice finit par se figer en accessoire de figuration sans vie.

Vilhelm Hammershoi (1864-1916)
Intérieur avec une femme lisant une lettre, Strandgade 30, 1899
Collection particulière

Peter Ilsted

À la différence de son beau-frère Vilhelm Hammershoi, qui a conféré à ses scènes d'intérieur un caractère d'effarement hallucinatoire (cf. p. 114), le peintre danois Peter Ilsted a choisi d'envelopper sa peinture dans les replis d'une atmosphère intime et familière. De chaudes tonalités de brun, une lumière tamisée, des formes rondes qui émoussent ce qu'il y a d'anguleux dans la pièce, une jeune fille plongée dans la lecture : toute l'ornementation murale du XIXe siècle a cédé la place à l'appartement du XXe siècle. Cette peinture exploite la nostalgie des recoins où s'abriter. Quand on y cherche refuge, on voudrait se confondre, ne serait-ce qu'un instant, avec l'endroit qui nous offre son asile. Dans une époque qui a été saisie par la folie des mobilisations, on ne comprend que trop pareil désir de s'absenter du monde.

Peter Ilsted (1861-1933)
Intérieur avec une jeune fille en train de lire, 1908
Collection particulière

Albert Marquet

La force du peintre français Albert Marquet, qui était l'ami de Matisse, n'est certainement pas à chercher dans l'imaginaire : son œuvre est dominée par des vues d'installations portuaires, par des scènes de rue et de bord de mer qui, dans leur simplicité même, savent néanmoins déployer une poésie insolite. Marquet peignait partout où il allait. Lorsqu'il voyageait, il louait habituellement une chambre avec vue sur le port ou sur la ville et il représentait sur la toile ce qui s'offrait à son regard, avec une authenticité qui se détache pourtant d'une quelconque fidélité photographique au détail.

Les nus qu'il a peints dans son atelier parisien entre 1910 et 1912 constituent un thème d'exception dans son œuvre. On est époustouflé par leur âpreté et leur indifférence – ou celle, en tout cas, que parvient joliment à feindre le modèle. Les femmes de Marquet n'ont rien de la nudité vibrante d'un tableau de Pierre Bonnard, ni de l'insouciance éclatante d'un Renoir. Ce qui les distingue au contraire, c'est la rigueur et la force retenue avec laquelle elles imposent leur présence. Le modèle préféré de Marquet était sa maîtresse Yvonne, qui s'appelait en réalité Ernestine Bazin. Il avait l'habitude de la peindre étendue de tout son long sur un divan ou, comme ici, debout, en lui faisant occuper toute la hauteur de sa toile. Son corps mince est entouré par une épaisse ligne noire.

« En tant qu'artiste, a déclaré un jour Marquet, je cherche la vie. » Ce qui lui importait, ce n'était ni un geste ni un mouvement, fussent-ils beaux ou laids, mais l'authenticité. Ainsi ne nous montre-t-il pas son modèle dans une pose assujettie aux canons de la beauté : la jeune femme est absorbée dans la lecture d'une revue, comme si elle ne se souciait nullement de la présence du peintre (ni de celle du spectateur).

Albert Marquet (1875-1947)
Nu féminin debout, 1910
Collection particulière

Robert Breyer

Réalisé d'abord dans un format horizontal, ce tableau a été ensuite considérablement raccourci sur son côté droit pour se concentrer entièrement sur les deux figures féminines habillées et coiffées avec élégance. Bien qu'elles ne communiquent pas directement l'une avec l'autre, elles sont toutes deux occupées à une même activité. En outre, la diagonale sinueuse que leurs silhouettes contiguës tracent depuis le coin supérieur gauche jusqu'à l'angle inférieur droit du tableau souligne leur affinité.
Tandis que la femme en bleu est assise de travers dans un fauteuil, ses jambes retombant par-dessus l'accoudoir, concentrée sur sa lecture et tournant le dos au spectateur, son amie s'est confortablement installée sur le sol. Tournée au contraire vers nous, elle feuillette des journaux et des livres épars sur le tapis. On trouve dans ce tableau, harmonieusement réunies et attribuées respectivement à l'une et à l'autre femme, les deux attitudes typiques de lecture que la peinture nous donne généralement à voir : celle de l'être absorbé qui oublie le monde extérieur et celle, à l'inverse, de celui qui s'adresse au spectateur, quand ses yeux se lèvent de la page. L'œuvre rayonne de pondération et de calme équilibre. Son atmosphère est empreinte de quiétude et de sérénité.

Robert Breyer (1866-1941)
Femmes en train de lire, 1909
Stuttgart, collection Rolf Deyhle

Édouard Vuillard

Les premières scènes d'intérieur de Vuillard, et plus particulièrement celles qu'il a peintes dans les années 1890, donnent l'impression que le peintre s'est employé à confirmer la célèbre formule programmatique de son camarade d'étude et confrère Maurice Denis, qui soutenait qu'avant d'être un destrier, une femme nue ou une quelconque anecdote, un tableau était d'abord, par essence, une surface recouverte de couleurs disposées selon une ordonnance déterminée. Par la suite, comme on le voit notamment sur cette œuvre des années 1920, Vuillard renonça à ce radicalisme, qui prônait rien moins que la dissolution de la mise en espace et de la perspective : désormais, les angles ne flottent plus, les objets sont à nouveau peints dans l'espace, et le traitement indifférencié de cet espace, des êtres et des choses au sein d'une même enveloppe ornementale est en partie abandonné.

Toutefois la peinture de Vuillard n'en continue pas moins d'affirmer sa prédilection pour les scènes d'intérieur. L'exiguïté et l'oppression des premières œuvres cèdent la place à une certaine amplitude aérée de l'espace, qui brise sans retour l'ancien carcan de la proximité obligée. Dans cette bibliothèque qu'une lumière uniforme fouille jusque dans ses moindres recoins, il semble possible qu'une relation s'établisse entre les figures qui emplissent l'espace des vibrations de l'animation humaine. Par sa seule présence, la jeune fille appuyée dans l'embrasure de la porte crée une ouverture sur la pièce attenante. L'intimité de la situation reste néanmoins préservée. Comme bon nombre de ses contemporains, Vuillard nous montre avec évidence que la vie intérieure et l'intimité ne sont pas à l'abri de l'inquiétante étrangeté et de l'effroi qui les guettent.

Édouard Vuillard (1868-1940)
Dans la bibliothèque, 1925
Collection particulière

Félix Vallotton

Si pour Vuillard les intérieurs étaient à la fois le foyer familial et le lieu où il travaillait (cf. p. 122), pour son ami d'origine genevoise Félix Vallotton, associé comme lui au groupe des nabis, ils sont en revanche le théâtre des passions et des souffrances humaines. Sur cette scène se déchaînent d'impitoyables guerres entre les sexes, se répercutant sur le monde des objets qui la meublent.

Tous ces aspects font cependant défaut dans la *Lectrice au collier jaune.* Le décor psychologique a été évacué et l'oppression a cédé la place à la calme contemplation d'un livre où figurent des paysages vastes et ouverts. Même si la scène affiche encore quelques indices d'une situation dramatique, c'est la quiétude qui semble régner ici, pour quelques instants au moins, et le triangle harmonique formé par le regard, les bras et le livre a triomphé de la tragi-comédie des relations humaines. Vallotton nous montre une femme au sourire malicieux, qui paraît tranquillement abandonnée à elle-même.

Félix Vallotton (1865-1925)
Lectrice au collier jaune, 1912
Collection particulière

F. VALLOTTON. 12

Heckel 11

Erich Heckel

Erich Heckel a été l'un des membres fondateurs de la communauté d'artistes Die Brücke, avec Ernst Ludwig Kirchner, Fritz Bleyl et Karl Schmidt-Rottluff – qui étaient tous trois, comme Heckel, étudiants en architecture. Ils furent ensuite rejoints par Max Pechstein, Emil Nolde et Otto Mueller. En 1910-1911, Heckel a peint une *Scène d'atelier*, qu'on peut considérer comme son tableau manifeste. Quatre modèles nus, dont deux sont partiellement dissimulés derrière un paravent, peuplent un atelier dont l'aménagement, depuis les tapis jusqu'aux rideaux, a été entièrement conçu par les artistes appartenant au mouvement. Les quatre femmes bougent et se déplacent avec insouciance dans l'espace, sans affectation ni pose. Leurs regards sont dirigés sur un objet non identifiable avec lequel l'une d'entre elles est en train de jouer. Le tableau donne l'impression d'avoir été réalisé à partir d'une esquisse tracée à la hâte.

« Toutes les rencontres de la vie quotidienne, écrira par la suite Kirchner, se sont incorporées de cette façon à la mémoire. L'atelier est devenu un foyer pour les êtres que nous y dessinions : ils apprenaient au contact des peintres et les peintres au leur. Les tableaux enregistraient la vie avec immédiateté et profusion. » Ces propos s'appliquent parfaitement à la *Femme en train de lire* de Heckel. Dans une position mi-allongée mi-assise, une couverture enveloppant son corps probablement nu, elle a pris ses aises sur un divan. Cette scène pourrait elle aussi se dérouler dans l'atelier – le tableau qu'on aperçoit à l'arrière-plan semble en tout cas l'indiquer. La jeune femme fait la moue, son visage rappelle les bois sculptés africains, dont les expressionnistes s'étaient passionnément entichés, surtout Nolde. Une grande désinvolture et beaucoup de naturel émanent de ce petit tableau rapidement exécuté à la cire et rehaussé de couleurs opaques.

Erich Heckel (1883-1970)
Femme en train de lire, 1911
Berlin, Brücke Museum

suzanne Valadon

Suzanne Valadon

Marie-Clémentine Valadon, dite Suzanne, est passée de l'activité de modèle – elle a posé notamment pour Renoir et Toulouse-Lautrec – à celle de peintre. En autodidacte, l'artiste a définitivement affranchi le nu féminin de sa fallacieuse aura de peinture de salon, en substituant au catalogue des poses convenues une nudité peinte qui est aussi naturaliste qu'expressive. Elle ne renonce pas à la mainmise artistique sur le corps féminin, mais elle le libère du double jeu de sublimation et d'avilissement auquel le nu traditionnel l'assujettit généralement. Ses tableaux lui confèrent une présence propre et une puissance de rayonnement, sans le rattacher à l'un ou l'autre des canons esthétiques habituels ni l'assigner à sa seule dimension érotique. En 1931, à l'âge de soixante-six ans, Suzanne Valadon peint un autoportrait où elle se représente en vieille femme, les seins nus – une nouveauté absolue pour l'époque.

La femme de notre tableau a rejeté le couvre-lit pour s'asseoir sur le drap. Les habits qu'elle vient d'ôter pendent par dessus le cadre du lit. Elle feuillette avec sérénité une brochure. Comme la femme du tableau *Hotel Room* qu'Edward Hopper réalisera neuf ans plus tard (cf. p. 140), le modèle ici aussi semble occuper une chambre d'hôtel. La jeune femme attend peut-être un amant. Mais, à l'inverse de la voyageuse sans domicile existentiel de Hopper, la femme peinte par Valadon donne l'impression d'avoir trouvé un toit, fût-il provisoire. La literie, dont les couleurs s'harmonisent avec celles de son corps, et le tapis rouge à ses pieds encadrent sa nudité à laquelle ils procurent gîte et abri.

Suzanne Valadon (1867-1938)
Nu féminin, 1922
Paris, musée d'Art moderne

Gwen John

Gwen John a été l'une des grandes femmes peintres du XXe siècle. Elle a intitulé ce tableau *La Convalescente*: l'œuvre s'inscrit dans une série de dix toiles qui ont été réalisées entre la fin des années 1910 et le milieu des années 1920, et qui toutes représentent, de manière répétitive et obsessionnelle, le même motif d'une jeune femme convalescente en train de lire. Parfois, à la place de la lettre qu'on aperçoit ici, c'est un livre que le modèle tient entre ses mains. Gwen John a probablement peint cette version pour Isabel Browser, une amie intime, qui séjournait alors dans un hôpital.

Nous voyons une jeune femme apparemment très faible, qui a un air à la fois épuisé et résolu. Ce qui importe à Gwen John, c'est moins l'apparence extérieure de la femme que l'intensité de sa présence. L'œuvre est peinte dans un style hésitant, pour indiquer que l'artiste, comme son modèle, se trouve dans un état d'épuisement aggravé – comme s'il lui avait fallu une énergie hors du commun pour se prémunir contre le danger d'un échec.

Dans la neurasthénie – symptôme d'épuisement qui s'accompagne d'une hypersensibilité des organes sensoriels, d'une irritabilité nerveuse et d'une attention excessive à soi-même –, de nombreux contemporains de Gwen John ont vu un état d'émotivité qui correspondait à la fois à l'âge moderne et à son art. Notons à ce propos que Marcel Proust a soutenu que la lecture pouvait servir de remède dans pareils cas, en remplissant le rôle habituellement dévolu aux psychothérapeutes. Le patient a besoin d'une impulsion venue de l'extérieur, mais en même temps, il doit la recevoir « au sein de la solitude hors de laquelle ne peut se produire cette activité créatrice qu'il s'agit précisément de ressusciter en lui ». Or, selon Proust, c'est exactement la définition de la lecture, et d'elle seule. Elle agit donc comme un antidote qui nous redonne volonté et force psychique dans les phases d'épuisement. C'est sous son égide que nous pouvons guérir.

Gwen John (1876-1939)
La Convalescente, 1923-1924
Université de Cambridge,
Fitzwilliam Museum

Gabriele Münter

Kandinsky, qui fut son maître et son compagnon pendant de longues années, a reconnu que la dessinatrice et peintre Gabriele Münter possédait « une ligne précise, discrète, à la fois délicate et marquée ». C'est vers 1920, bien après l'époque de leur vie commune dans une maison de Murnau qu'on peut encore visiter aujourd'hui, que Gabriele Münter a réalisé une série de dessins au crayon représentant des femmes dans un fauteuil. L'une de ces œuvres, que l'artiste a intitulée *Effondrée*, montre une femme affalée dans un fauteuil, le désespoir inscrit sur son visage. À l'inverse, le regard de la *Femme dans un fauteuil, les yeux levés* est pur orgueil. *La Lectrice* que nous voyons ici est en revanche préoccupée d'autre chose que d'elle-même. Sa position jambes écartées, le buste penché en avant, rayonne d'assurance, d'énergie et de concentration. Cette lectrice vit dans le présent, *hic et nunc*. Et les conventions semblent lui importer aussi peu qu'elles importaient à l'artiste qui lui a donné le jour.

Gabriele Münter (1877-1962)
La Lectrice, 1927
Munich, Fondation Gabriele Münter
et Johannes Eichner

Duncan Grant

Ces deux tableaux (ci-dessus et page ci-contre) nous transportent dans l'univers du groupe d'artistes anglais Bloomsbury, dont l'écrivain Virginia Woolf est la figure la plus fameuse. Parmi les membres remarquables de ce mouvement, on trouve le séduisant peintre Duncan Grant, qui fut le compagnon de Vanessa Bell, sœur de Virginia Woolf. On voit ici leur fille Angelica, représentée en « profil perdu », lisant un magazine devant le poêle de l'atelier que le peintre possédait dans le quartier londonien de Bloomsbury. Quand on est plongé dans la lecture, on se préoccupe peu de la position et du maintien de son corps. Fascinée par ce qu'elle lit, la jeune femme nous apparaît ainsi courbée sur sa page, enveloppée de la chaleur du poêle.

Duncan Grant (1885-1978)
Le Poêle, Fitzroy Square, 1936
Collection particulière

Vanessa Bell

Vanessa Bell était peintre, designer et décoratrice. En 1914, après avoir été mariée à Clive Bell et avoir entretenu une relation avec Roger Fry, elle emménagea avec Duncan Grant. Ils eurent une fille, Angelica, qui épousa en 1942, contre la volonté de sa mère, David Garnett, un ancien amant de son père. Quatre filles naîtront de ce mariage. Sur ce tableau, Vanessa Bell a peint deux d'entre elles, assises sur un sofa, plongées dans l'intimité partagée de la lecture. C'est en jouant les modèles pour leur grand-mère que les petites filles, dit-on, gagnaient leur argent de poche, à raison d'une pièce de six pence l'heure de pose.

Vanessa Bell (1879-1961)
Amaryllis et Henrietta, vers 1940
Vanessa Bell Estate

III-1930-1936
Pietro

Cagnaccio di San Pietro

Cagnaccio (qui signifie « roquet » en italien) di San Pietro était le nom d'artiste du peintre Natalino Bentivoglio Scarpa. Après avoir rompu avec le futurisme au début des années 1920, son œuvre a poursuivi des visées proches de celles des peintres de la Nouvelle Objectivité. De toute évidence, on y reconnaît des influences d'Otto Dix et surtout de Christian Schad.

Le portrait clinique et distancié de l'épouse de l'avocat vénitien Vighi la montre enfermée dans son salon bourgeois. Les bibelots placés sur la petite table à côté du modèle sont l'indice d'un goût pour les enfantillages. Ils évoquent probablement une relation amoureuse entre le petit chien – le peintre nommé Roquet – et la femme de l'avocat, dont la couleur rouge de la robe réapparaît sur la crête et les caroncules du coq. Il est vraisemblable que le coq représente le mari trompé, le cocu (*becco* en italien). Le caractère puéril des petits animaux se répète dans le visage de la femme, où une expression de surprise, pareille à celle que nous font voir certaines images d'enfants, se mêle à une mélancolie marquée. Le tableau nous parle de l'expérience douloureuse de s'être survécu à soi-même : être demeuré l'enfant d'une époque versée depuis si longtemps dans le passé, sans que subsiste la moindre chance de la voir resurgir. Ici, même la lecture semble avoir perdu tout pouvoir thérapeutique de stimulation.

Natalino Bentivoglio Scarpa,
dit Cagnaccio di San Pietro (1897-1946)
Portrait de madame Vighi, 1930-1936
Collection particulière

Alexander Alexandrowitsch Deineka

Dès ses origines, l'art de Deineka a entretenu un rapport direct avec les bouleversements sociaux de l'URSS depuis la révolution d'octobre 1917. Le peintre ne se voyait pas seulement en chroniqueur, mais bien comme un pionnier de la société communiste en gestation. Dans ce but, il se mit en quête de nouvelles voies pour sa peinture, par-delà les modèles esthétiques du XIXe siècle. Il les trouva dans le futurisme, dans le constructivisme et dans le photomontage. Ses illustrations, ses affiches, ses fresques décoratives et autres œuvres monumentales visaient à l'efficacité immédiate, jusqu'à basculer parfois dans la propagande. À cette fin, il privilégia des thèmes comme le pathos du travail industriel, l'histoire de la révolution, le culte du corps et le sport.

En marge de ses productions monumentales destinées à l'agitation des foules, il existe aussi dans son œuvre une autre dimension, intime et poétique, où l'on voit le peintre puiser malgré tout à certaines sources du XIXe siècle finissant et se laisser inspirer, lors de ses voyages à l'étranger, par les courants artistiques « bourgeois » de son époque. Au début des années 1930, Deineka réalise une série de portraits féminins. Ils nous montrent des jeunes femmes, qui sont incontestablement ancrées dans le réel, sans nous paraître cependant travailler au sens strict : elles se baignent, goûtent aux plaisirs de la maternité ou lisent, comme la jolie femme de ce tableau, qui semble extrêmement concentrée et que rien ne saurait distraire de son livre. Ce serait sans doute pousser les choses trop loin que de vouloir tenir ces figures pour les messagères du nouveau monde à venir et de ses promesses de beauté. Elles apportent néanmoins la preuve de l'accession des femmes à une nouvelle forme d'indépendance et d'autodétermination.

Alexander Alexandrowitsch Deineka (1899-1969)
Jeune Femme au livre, 1934
Saint-Pétersbourg, Musée national russe

ДЕЙНЕКА
34г

Edward Hopper

En 1931, le grand peintre américain Edward Hopper peint *Hotel Room* (*Chambre d'hôtel*), une toile de grand format, presque carrée, aux dimensions inhabituelles chez cet artiste. Une femme est assise en sous-vêtements sur un lit d'hôtel, elle a ôté ses chaussures, déposé sa robe avec soin sur l'accoudoir d'un fauteuil vert placé au pied du lit. Elle n'a pas encore déballé son sac de voyage ni sa valise. La surface très sombre, presque complètement noire, qu'on aperçoit au-dessous du store ne laisse planer aucun doute sur l'heure qu'il est : on est en pleine nuit. La femme, dont les traits du visage sont plongés dans l'ombre, n'est pas en train de lire une lettre, mais un dépliant, probablement une carte routière. Elle semble indécise, presque désemparée, sans secours. La mélancolie des gares et des chambres d'hôtel anonymes, du voyage infini et sans destination, des arrivées qui ne sont que de brèves escales précédant un nouveau départ, enveloppe cette scène figée. La lectrice de Hopper est aussi profondément abîmée dans ses pensées que les femmes que la peinture hollandaise du XVIIe siècle nous avait montrées plongées dans la lecture d'une lettre. Mais cet absorbement est ici sans vis-à-vis, aucune autre existence ne l'habite, il n'est que l'expression du malaise de la civilisation moderne.

Les femmes que Hopper peint en train de lire ne sont pas dangereuses, mais en danger – moins par le fait d'une faculté d'imagination débridée qu'à cause de la dépression, pandémie qui menace les êtres du monde moderne. De la même façon, un tableau réalisé sept ans plus tard nous montre une femme dans un compartiment de train, lisant elle aussi – un dépliant d'assez grand format, un imprimé quelconque probablement. Si l'on en croit ces tableaux, une incurable nostalgie afflige désormais la lecture et celles qui s'y adonnent – comme si le joyeux chaos où la fièvre de lire avait fait basculer le monde jusque-là si ordonné de la lecture l'avait acheminé pour finir dans une apathie aussi vertigineuse que celle où sont plongées les lectrices de Hopper, avec ces imprimés qu'elles consultent sans véritable intérêt.

Edward Hopper (1882-1967)
Chambre d'hôtel, 1931
Madrid, Collection Thyssen-Bornemisza

Theodore Miller

La photographe Lee Miller (1907-1977), née dans la petite ville industrielle de Poughkeepsie dans l'État de New York, émigre en 1929 à Paris, où elle devient le modèle, l'élève et la maîtresse de Man Ray. Elle ne tarde pas à avoir son propre studio et à travailler à la manière surréaliste. Par la suite, elle se spécialisera dans la photo de mode et le portrait. Mais si Lee Miller s'est acquis une renommée internationale, c'est surtout par les photographies qu'elle réalisa durant les deux dernières années de la Seconde Guerre mondiale, et plus spécialement par ses images des camps de concentration après leur libération.

En 1944-1945, elle devient reporter de guerre et suit l'avancée de l'armée américaine en territoire allemand, en passant par Cologne, Francfort, Heidelberg, jusqu'à Torgau, où les troupes de Patton opèrent leur jonction avec l'armée soviétique. En avril 1945, elle arrive à Buchenwald. En passant par Leipzig, Nuremberg, Dachau, elle regagne ensuite Munich, où elle prend ses quartiers dans l'appartement privé de Hitler le jour même où celui-ci se suicide dans son bunker de Berlin (une photo prise par son accompagnateur David Shermann la montre dans la baignoire du Führer). Après Buchenwald et Dachau, où elle photographie aussi bien les entassements de cadavres que les survivants épuisés, Lee Miller ne sera plus jamais la même.

La photographie présentée ici date d'une époque insouciante, lorsque le monde semblait encore tourner normalement. Elle nous montre la photographe en compagnie de sa meilleure amie de Poughkeepsie, dans son appartement parisien, en train de prendre leur petit déjeuner au lit et de feuilleter les journaux. La tapisserie de Cocteau accrochée derrière le lit ajoute une note de mélancolie à l'enjouement de la scène. C'est comme cela qu'on aimerait que les choses soient et c'est exactement comme cela qu'elles ne seront jamais plus. Cette image a probablement été prise par le père de Lee Miller, Theodore Miller, qui était un photographe amateur passionné.

Theodore Miller (1872-1971)
Lee Miller et Tanja Ramm
Archives Lee Miller

BALEARIC ISLANDS

Eve Arnold

« L'a-t-elle lu ou non ? » Il était difficile, en effet, d'éviter la question. Marilyn Monroe, le sex-symbol du xxe siècle, a-t-elle lu *Ulysse* de James Joyce, l'icône de la haute culture du xxe siècle, le livre que beaucoup considèrent comme la création la plus éminente du roman moderne, ou a-t-elle seulement fait semblant ? Car ainsi qu'il ressort des autres photographies prises au cours de cette séance, c'est bien un volume d'*Ulysse* que l'actrice blonde tient ici entre ses mains.

Le professeur de littérature Richard Brown a voulu connaître la réponse. Et trente ans après la séance, il a écrit à la photographe, persuadé qu'elle devait détenir la clé de l'énigme. Eve Arnold lui a répondu promptement, en disant qu'en allant la voir, elle avait trouvé Marilyn en train de lire Joyce. L'actrice lui avait confié qu'elle aimait le ton du roman, qu'elle voulait le lire à haute voix pour mieux le comprendre, mais que c'était un travail ardu. Lorsque les deux femmes s'étaient ensuite arrêtées à l'endroit convenu pour la séance de pose, Marilyn s'était mise à lire *Ulysse* pendant qu'Eve Arnold chargeait son appareil. Et c'est ainsi que cette photographie avait vu le jour.

Nous ne sommes pas obligés de suivre le professeur Brown dans ses élucubrations, quand il imagine que Marilyn a continué la lecture du roman, qu'elle s'est ensuite inscrite à l'université, avant de rejoindre le cercle des spécialistes de Joyce. Ce qui l'aurait conduite, selon Brown, à renoncer à sa carrière de mannequin et de star de cinéma. Marilyn, conclut-il, est aujourd'hui un professeur d'université à la retraite, se retournant parfois avec étonnement sur le temps enfui de sa jeunesse agitée.

Il est tout de même un point sur lequel nous pouvons adhérer aux thèses du professeur Brown, quand il recommande de lire *Ulysse* comme Marilyn en avait l'intention : non pas en respectant l'ordre des chapitres et en le lisant de la première à la dernière page, mais par intermittence, en ouvrant de temps à autre le livre à un endroit quelconque pour en lire brièvement des passages. Cette méthode de lecture peu ordinaire, il nous plairait assez de l'appeler la méthode Marilyn. Le professeur Brown la recommande en tout cas à ses étudiants.

Eve Arnold (1912-2012)
Marilyn lit Ulysse, 1952
Eve Arnold / Magnum / Agence Focus

Table des illustrations

P. 101 V. Van Gogh, *L'Arlésienne (Madame Ginoux)*, 1888, New York, Metropolitan Museum of Art © AKG-Images
P. 102 voir p. 4-5
P. 105 voir p. 14
P. 106 V. Hammershoi, *Intérieur avec une femme lisant une lettre, Strandgade 30* (détail), 1899, collection particulière © Christie's Images Limited 1990
P. 108 J. M. King, *La Grammaire magique*, vers 1900
P. 109 H. Vogeler, *Martha Vogeler*, vers 1905
P. 110 C. Larsson, *Karin lisant*, 1904, Mora (Suède), Zornsamlingarna © Zornsamlingarna/Lars Berglund
P. 112 A. Sander, *Institutrice, Linz-sur-le-Danube*, vers 1904 © Die Photographische Sammlung/SK Stiftung Kultur – Archives August Sander, Cologne /VG Bild-Kunst, Bonn 2015
P. 115 voir p. 106
P. 116 P. Ilsted, *Intérieur avec une jeune fille en train de lire*, 1908, collection particulière © Christie's Images Limited 1987
P. 118 A. Marquet, *Nu féminin debout*, 1910, collection particulière © AKG-Images / VG Bild-Kunst, Bonn 2015
P. 120 R. Breyer, *Femmes en train de lire*, 1909, Stuttgart, collection Rolf Deyhle © AKG-Images
P. 123 É. Vuillard, *Dans la bibliothèque*, 1925, collection particulière © Sotheby's/AKG-Images
P. 125 F. Vallotton, *Lectrice au collier jaune*, 1912, collection particulière © Artothek
P. 126 E. Heckel, *Femme en train de lire*, 1911, Berlin, Brücke Museum © AKG-Images / Nachlass Erich Heckel, Hemmenhofen
P. 128 S. Valadon, *Nu féminin*, 1922, Paris, musée d'Art moderne © AKG-Images/Erich Lessing
P. 131 G. John, *La Convalescente*, 1923-1924, Université de Cambridge, Fitzwilliam Museum © Bridgeman-Giraudon
P. 132 G. Münter, *La Lectrice*, 1927, Munich, Fondation Gabriele Münter et Johannes Eichner © VG Bild-Kunst, Bonn 2015
P. 134 voir p. 19
P. 135 V. Bell, *Amaryllis et Henrietta*, vers 1940 © Vanessa Bell Estate
P. 136 Cagnaccio di San Pietro, *Portrait de madame Vighi*, 1930-1936, collection particulière © AKG-Images
P. 139 voir p. 20
P. 141 voir p. 36
P. 143 T. Miller, *Lee Miller et Tanja Ramm* © Lee Miller Archives/Jean Cocteau: VG Bild-Kunst, Bonn 2015
P. 144 E. Arnold, *Marilyn lit* Ulysse, 1952 © Eve Arnold / Magnum / Agence Focus
P. 148-149 voir p. 32
P. 150-151 voir p. 36
P. 152 H. Metzkes, *Femmes savantes*, 2001 © Galerie Leo Coppi, Berlin/VG Bild-Kunst, Bonn 2015

Bibliographie

Marc Angenot, « La fin d'un sexe », in *Romantisme* n° 63, Paris, 1989.
Roland Barthes, *Le Plaisir du texte*, Paris, Le Seuil, « Points », 1982.
Patricia Carles et Béatrice Desgranges, « Le cauchemar de l'éducation des filles », in *Romantisme* n° 53, Paris, 1986.
Nicole Edelman, *Les Métamorphoses de l'hystérique*, Paris, La Découverte, 2003.
Hans-Magnus Enzensberger, « Modeste proposition pour la protection de la jeunesse contre la poésie », in *Médiocrité et folie*, Paris, Gallimard, 1991.
Gustave Flaubert, *Madame Bovary*, Paris, Flammarion, « GF », 1991.
Gustave Flaubert, *Correspondance*, Paris, Gallimard, « Bibliothèque de la Pléiade », 1980.
François Furet et Jacques Ozouf, *Lire et écrire : l'alphabétisation des Français de Calvin à Jules Ferry*, Paris, Éd. de Minuit, 1977.
Histoire de la lecture dans le monde occidental, dir. Guglielmo Cavallo et Roger Chartier, Paris, Le Seuil, 1997.
Histoire de la vie privée, dir. Philippe Ariès et Georges Duby (5 vol.), Paris, Le Seuil, 1985-1987.
Histoire des femmes, dir. Michelle Perrot et Georges Duby (5 vol.), Paris, Plon, 1991. Notamment les articles de Danielle Regnier-Bohler (vol. 2) et Jean-Paul Desaive (vol. 3).
Alberto Manguel, *Une histoire de la lecture*, Paris, Actes Sud, 1998.
Jules Michelet, *La Sorcière*, Paris, Flammarion, « GF », 1966.
John Motlock, « Lire dangereusement », in *Romantisme* n° 76, Paris, 1992.
Colette Nys-Mazure, *La Célébration de la lecture*, Paris, La Renaissance du livre, 2005.
Michelle Perrot, *Mon histoire des femmes*, Paris, Le Seuil, 2006.
Christine Planté, *La Petite Sœur de Balzac*, Le Seuil, 1989.
Marcel Proust, « Sur la lecture », in *Contre Sainte-Beuve*, Paris, Gallimard, « Bibliothèque de la Pléiade », 1971.
Pascal Quignard, *Dernier Royaume*, vol. 2, *Sur le Jadis*, Paris, Gallimard, « Folio », 2005.

Harald Metzkes
Femmes savantes, 2001
Berlin, galerie Leo Coppi